踏莎行

古郡新风

刘永琴　陈爱华

岭南古郡，粤西名城，先贤遗芳遍可寻。悬壶济世潘羽客，保境安民冼巾帼。

鉴古观今，以史为镜，百姓心声向廉明。继往开来十八大，反腐倡廉迎清风。

高凉清风系列丛书

高凉清风谱

清正廉明

成振江 主编

人民交通出版社
China Communications Press

内 容 提 要

该书以“高凉清风”为经，以廉洁人物、清风故事、清风名胜古迹和清风弘扬为纬，采用文字叙述、书法、绘画和图片相结合的编排形式，纵贯古今，多角度、多层次，立体地展示了高州深厚的廉政文化底蕴和丰硕的廉政文化教育成果。

该书融历史性、思想性、艺术性、教育性于一体，既是一本具历史价值和现实价值的概览式资料读本，也是一本对党员干部进行廉政教育的优秀教材。

图书在版编目(CIP)数据

高凉清风谱 / 成振江主编. -- 北京 : 人民交通出版社，2013.1

(高凉清风系列丛书)

ISBN 978-7-114-10238-7

Ⅰ. ①高… Ⅱ. ①成… Ⅲ. ①廉政建设－高州市②汉字－法书－作品集－中国－现代③中国画－作品集－中国－现代④摄影集－中国－现代 Ⅳ. ①D630.9②J121

中国版本图书馆CIP数据核字(2012)第295292号

高凉清风系列丛书

Gaoliang Qingfeng Pu

书　　名：高凉清风谱

著 作 者：成振江

责任编辑：刘永芬

出版发行：人民交通出版社

地　　址：(100011)北京市朝阳区安定门外外馆斜街3号

网　　址：http：//www.ccpress.com.cn

销售电话：(010) 59757973

总 经 销：人民交通出版社发行部

经　　销：各地新华书店

印　　刷：北京盛通印刷股份有限公司

开　　本：880×1230　1/16

印　　张：9.5

字　　数：300千

版　　次：2013年1月　第1版

印　　次：2013年1月　第1次印刷

书　　号：ISBN 978-7-114-10238-7

定　　价：60.00元

《高凉清风谱》

编 委 会

序言

PREFACE

《高凉清风谱》一书付梓出版了。该书以史为据，选取了高州古今清风人物、清风古迹、清风故事、清风弘扬等素材，以书画、图文等形式，展示了高州深厚的廉政文化底蕴和丰硕的廉政文化建设成果。该书融历史性、思想性、艺术性、教育性于一体，既是一本具历史价值和现实价值的概览式资料读本，也是一本对党员干部进行廉政教育的优秀教材。

高州古称高凉，是历代州、郡、路、府、道、专区之治所，为古代粤西政治、经济、文化中心，自古享有“广东下四府之首”及“广东文教之乡”的美誉，现为省级历史文化名城。从1500多年前开始，中原文化与高州本土文化交汇融合，大大促进了高州文化之发展，其间，众多高州先贤的贡献尤其引人瞩目。如“岭南道教第一人”潘茂名；被周恩来总理称赞为“中国巾帼英雄第一人”、江泽民称为“我辈及后人永远学习的楷模”冼夫人；被高州人民称颂为清官的胡国纲；“中国稻作学之父”丁颖等就是其中的优秀代表。他们虽身处不同时期、不同职位、不同领域、不同境遇，但都坚守爱国、爱民、廉洁、勤俭、创业、守信、尚义等精神，致力于高州政治、经济、文化等事业，为高州社会经济发展写下了光辉的一页。因此，挖掘、整理高州古今作出突出贡献的人物及其清正廉洁、严明执法、惩恶扬善、勤政爱民典型事迹和遗存下来的名胜古迹，对于传承高凉优秀传统文化，创建国家级历史文化名城，推进廉洁高州、幸福高州建设，具有积极的现实意义。

党的十八大报告强调："文化是民族的血脉，是人民的精神家园。全面建成小康社会，实现中华民族伟大复兴，必须推动社会主义文化大发展大繁荣，兴起社会主义文化建设新高潮，提高国家文化软实力，发挥文化引领、教育人民、服务社会、推动发展的作用。"廉洁文化是社会主义文化的重要组成部分。近年来，高州市坚持改革精神、创新思路，创新形式，把深入挖掘、研究弘扬本土特色廉洁文化与推进党风廉政建设结合起来，坚持教育为本，制度为重，以惩促防，着力打造"高凉清风"反腐倡廉建设品牌，并取得明显成效。高州的做法和经验对在新形势下深入开展反腐倡廉工作，大力加强党风廉政建设应该是很有帮助的。

卓立潮头，豪情满怀。党的十八大为夺取有中国特色社会主义新胜利展现了更加广阔的前景，对反腐倡廉提出了更高、更加明确的要求，需要我们积极履行职责，进一步解放思想，振奋精神，锐意进取，开拓创新，打造更具地方特色的清风品牌，开创更具地方特色的反腐倡廉工作新局面。

让正气长存高凉，清风浩荡高州。

是为序。

中共茂名市市委常委、市纪委书记 廖锋

2012年11月

《高凉铜鼓》 程华德　摄

光辉思想的发源地 高州（代前言）

FOREWORD

在这片红棉朵朵、英雄花儿争奇斗艳的大地，2000年春天，时任中共中央总书记江泽民来到高州，首次提出了“三个代表”重要思想。对如何在改革开放的新形势下，与时俱进地坚持党的性质和保持党的先进性作出了新的阐述，高州再次成为人们关注的地方。古郡高凉人杰地灵、英雄辈出，我们以高凉清风的脉络，用廉洁文化建设的视觉，把古代、近代及现代杰出的清风人物、清风故事、清风名胜古迹、清风弘扬等内容汇编成《高凉清风谱》，进一步弘扬高凉清风精神，以激励人们站在新的起点上继续阔步前行，为建设廉洁的乡村、廉洁的城镇、廉洁幸福的高州贡献力量。在党的十八大精神指引下，实现中华民族伟大复兴的“中国梦”。创造新的辉煌，抒写新的传奇！

[高凉清风]

[古郡清风先贤]

[近代清风先贤]

[现代清风人物]

[清风故事]

[清风名胜古迹]

[清风弘扬]

高凉清风

高州春潮

▲《高州春潮》 许金福　摄

光辉思想发源地

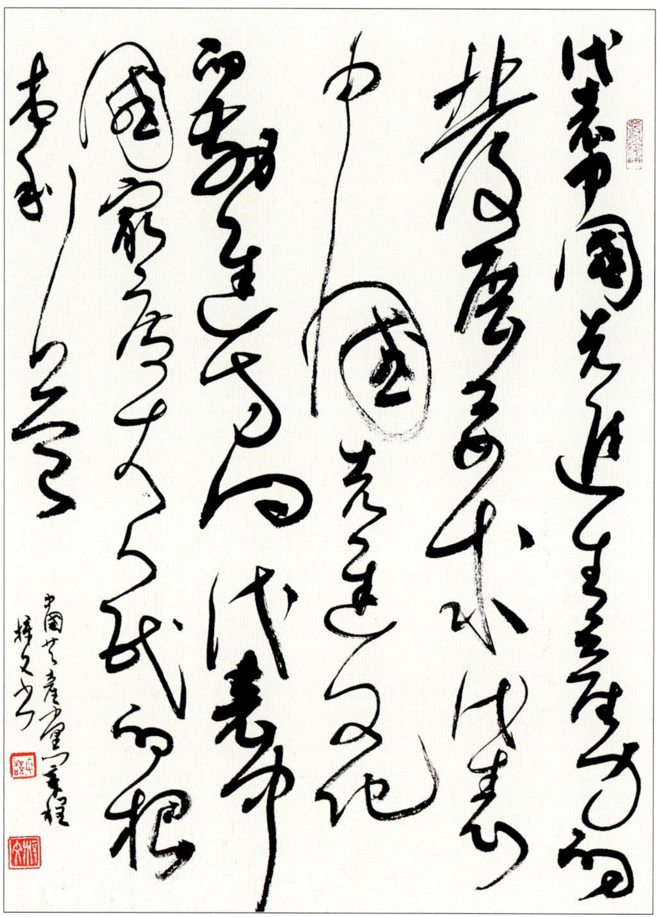

◀草书中堂

内容：代表中国先进生产力的发展要求，代表中国先进文化的前进方向，代表中国最广大人民的根本利益。
——摘自《中国共产党章程》

作者：赖梓文

▲《江泽民总书记在高州根子镇视察时亲植的荔枝树》 张景明 摄

春暖大地

1986年1月2日，胡耀邦总书记视察高州，高州迎来了蓬勃发展的春天。

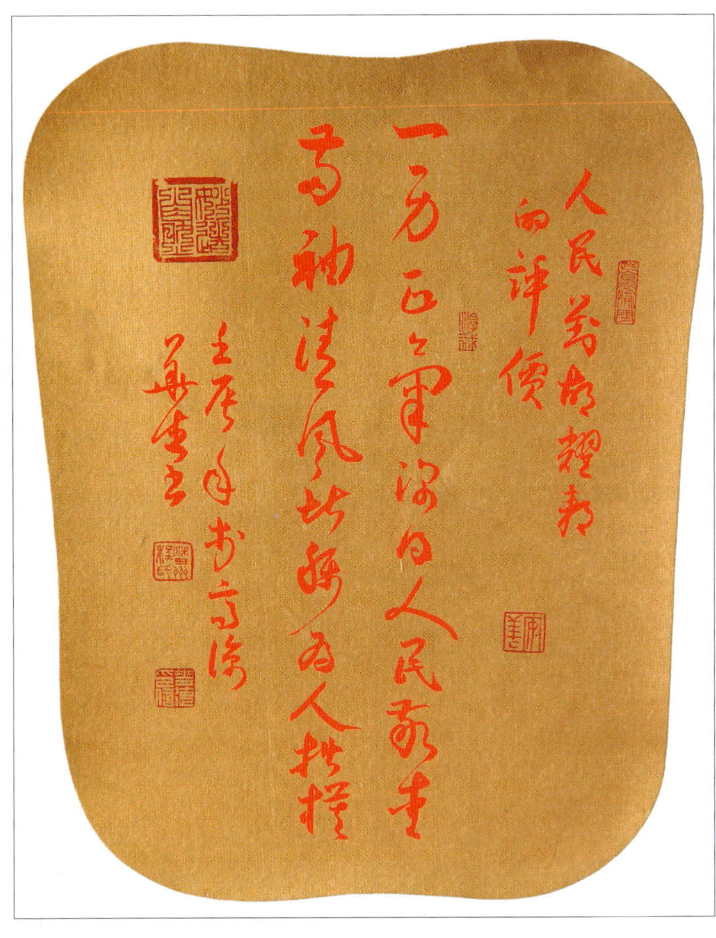

▶行草团扇
内容：一身正气深得人民敬爱，
两袖清风堪称为人楷模。
作者：程华德

▲《古郡新姿》 陆雄 摄

清风墨香

中国书法家协会原副主席、书法家陈永正题词。

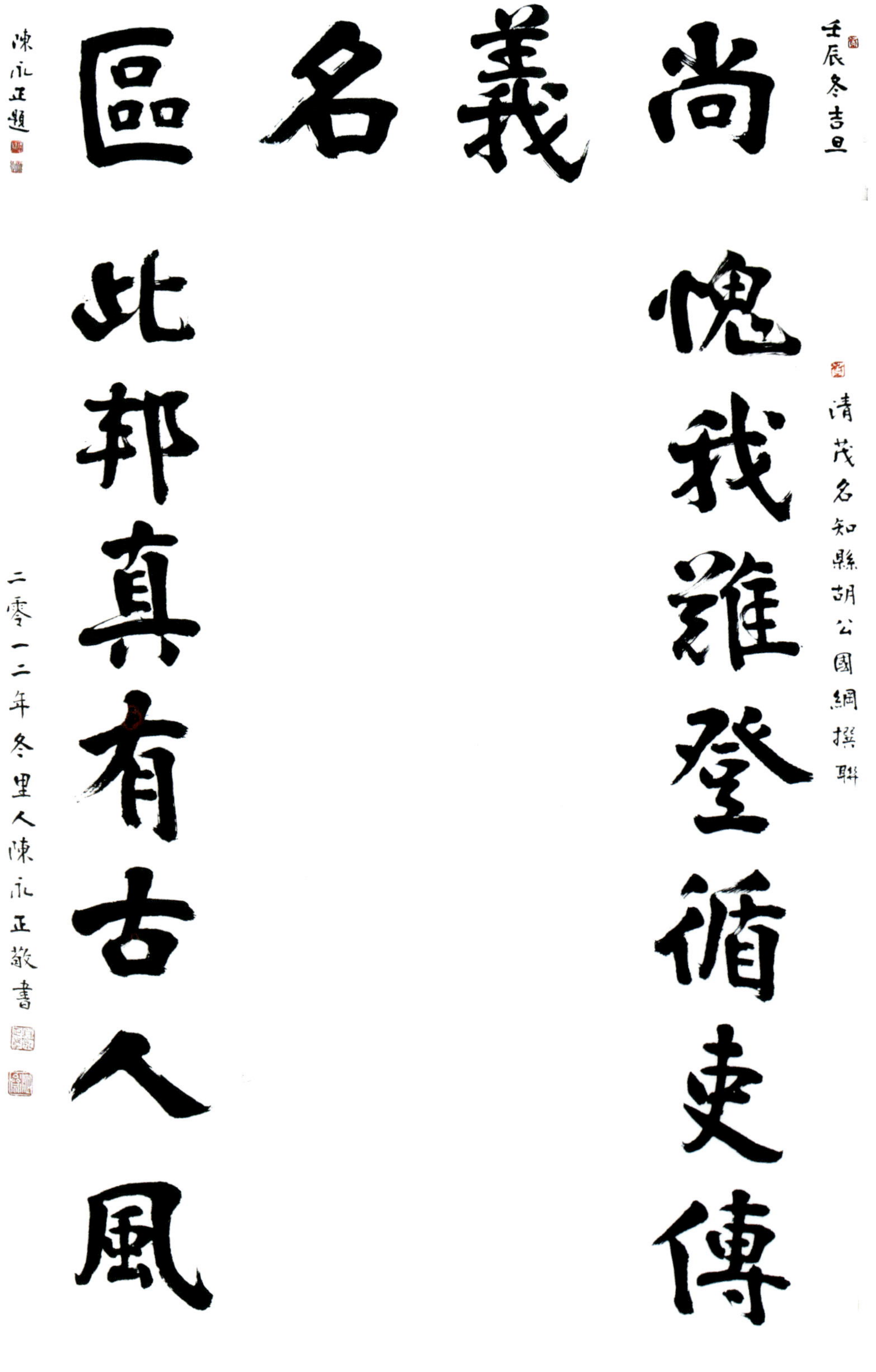

尚義名區

壬辰冬吉旦

陳永正題

清茂名知縣胡公國綱撰聯

愧我難登循吏傳

此邦真有古人風

二零一二年冬里人陳永正敬書

中国书法家协会理事、广东省书法家协会主席、华南师范大学博士生导师张桂光题词。

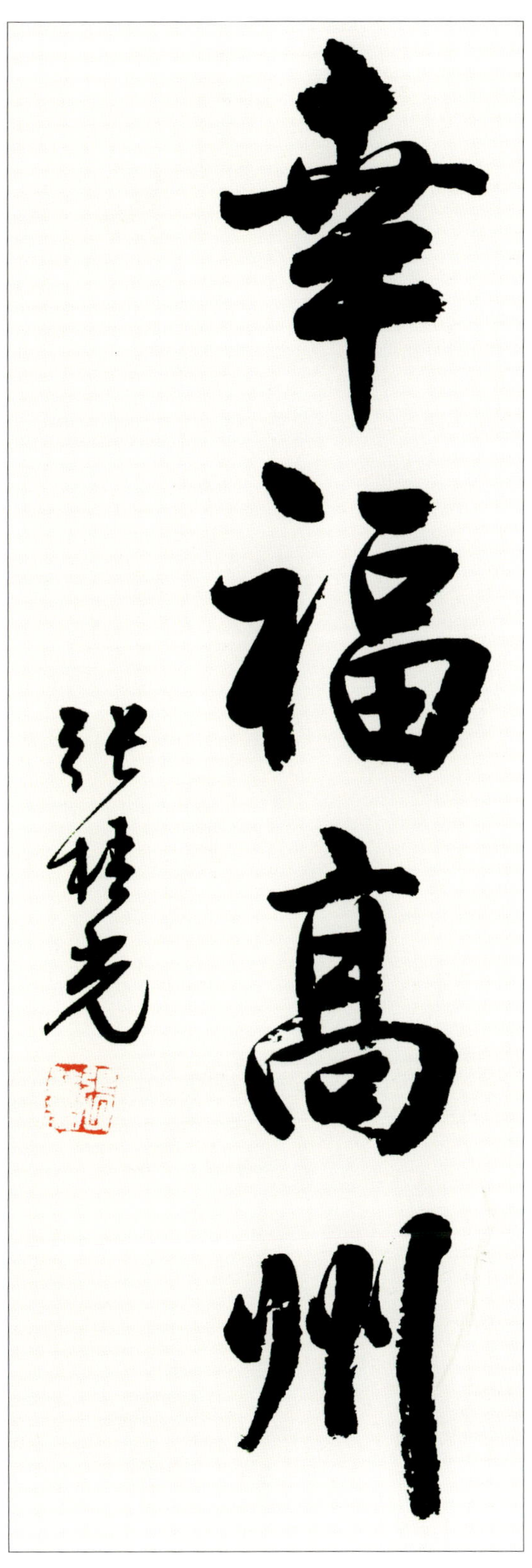

欣闻高州市编写《高凉清风谱》，书法家王楚材提笔挥毫。

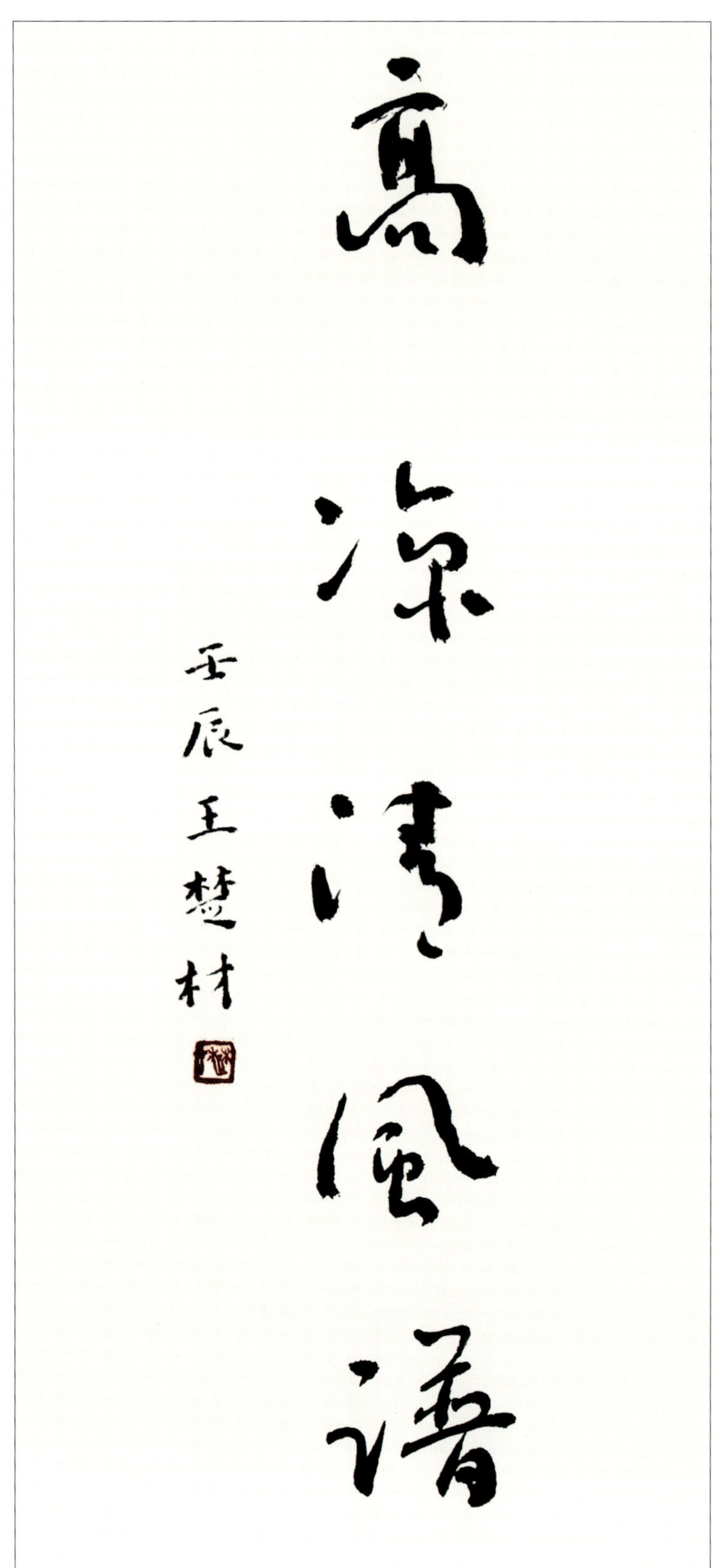

中共高州市市委书记赵广辉题词。

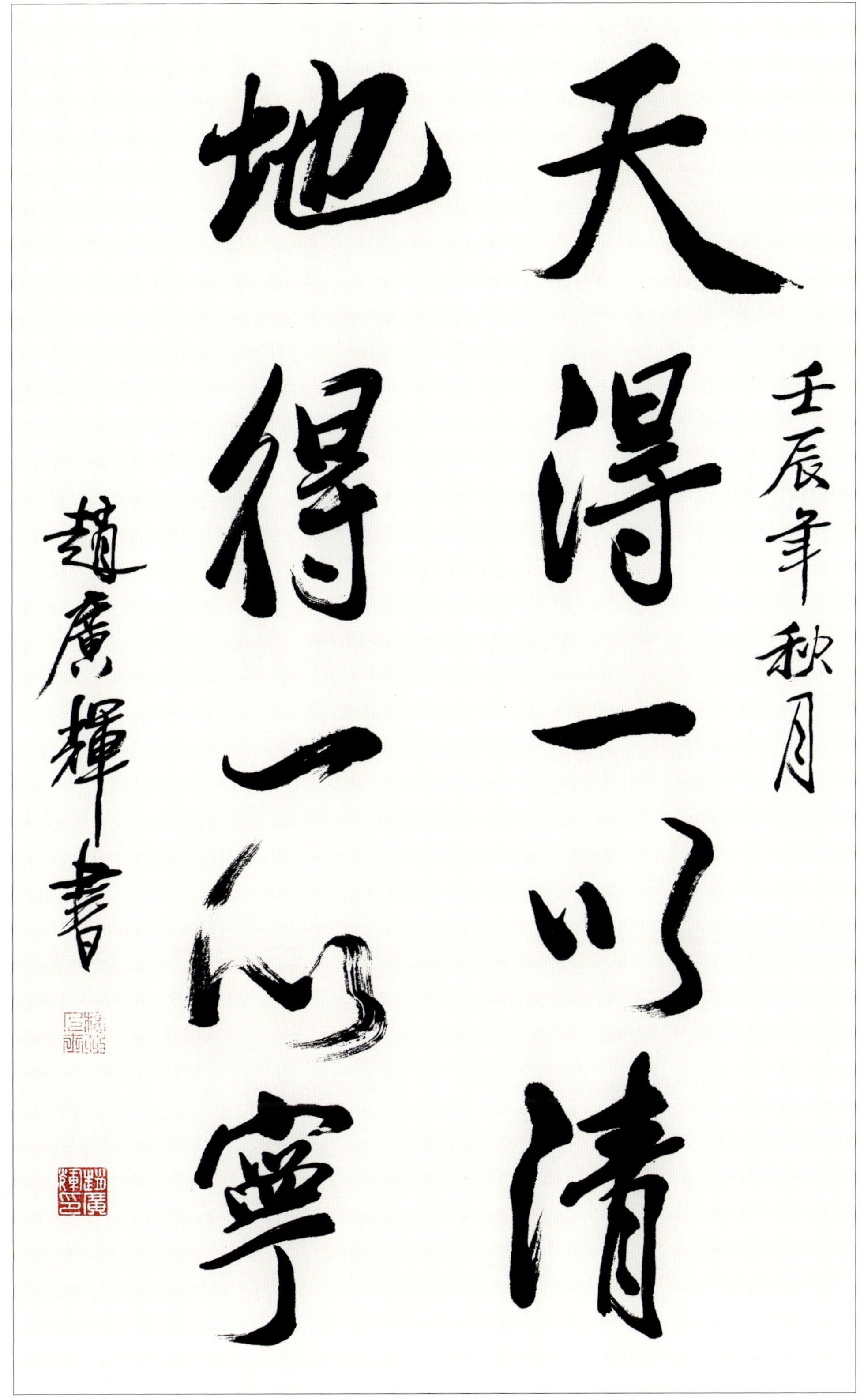

中共高州市市委常委、纪委书记成振江题词。

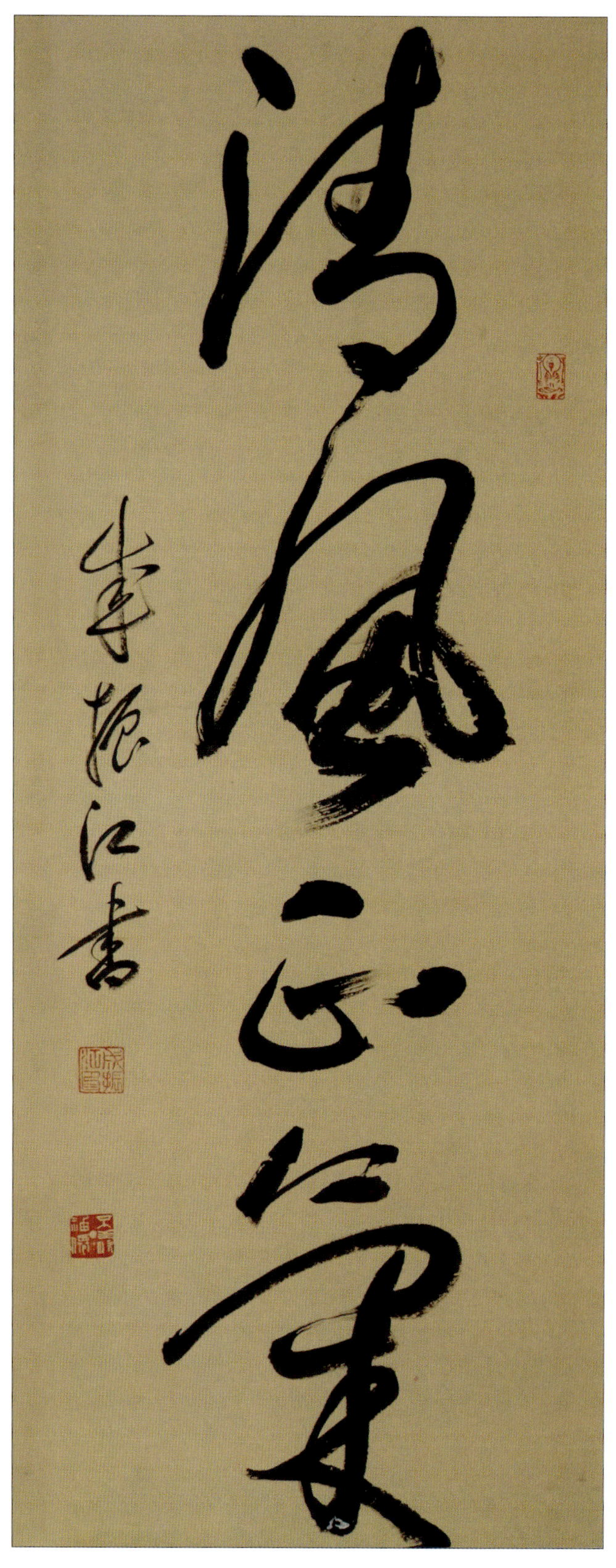

古郡清风先贤

潘茂名

（约281至290年出生—361年）

潘茂名，西晋高凉（今高州市根子镇）人，岭南道教先驱。年轻时云游四海，拜师学艺，悉心研学“服食之法”。后归故里，隐居观山，采药炼丹，为百姓解除疾苦；又凿石为船，解救受灾民众。朝廷多次诏其下山出仕，“屡召不至，始知其已仙去”。后为表彰其功德，便赐改高兴地曰茂名，隋开皇十八年（598年）置茂名县，唐贞观八年（634年）立潘州，以其姓名立州，取名置县，史上绝无仅有。

▲作者：刘憨

▶草书中堂

内容：淡泊功名博爱心，悬壶济世自沉音。
一从根子修潘祠，千古芳名说到今。
——杨建华《颂潘仙》

作者：赖梓文

冼夫人（512—约602年）

冼夫人，名冼英，古高凉人（今高州人）。南北朝、隋朝俚人首领。冼夫人是一位杰出的政治家，陈亡后，“岭南未有所附，数郡共奉夫人，号为圣母，保境安民”。后率领岭南民众归附，维护了祖国统一，隋朝加封谯国夫人。冼夫人又是一位杰出的军事家，“智勇兼备，至整未尝败衄”。虽一度“岭南大乱”，但“夫人怀集百越，数州晏然”。武功与文治交相辉映，周恩来总理誉之为“中国巾帼英雄第一人”。江泽民同志称之为“至今她仍为我辈及后人永远学习的楷模”。

◀《冼夫人》 佚名　摄

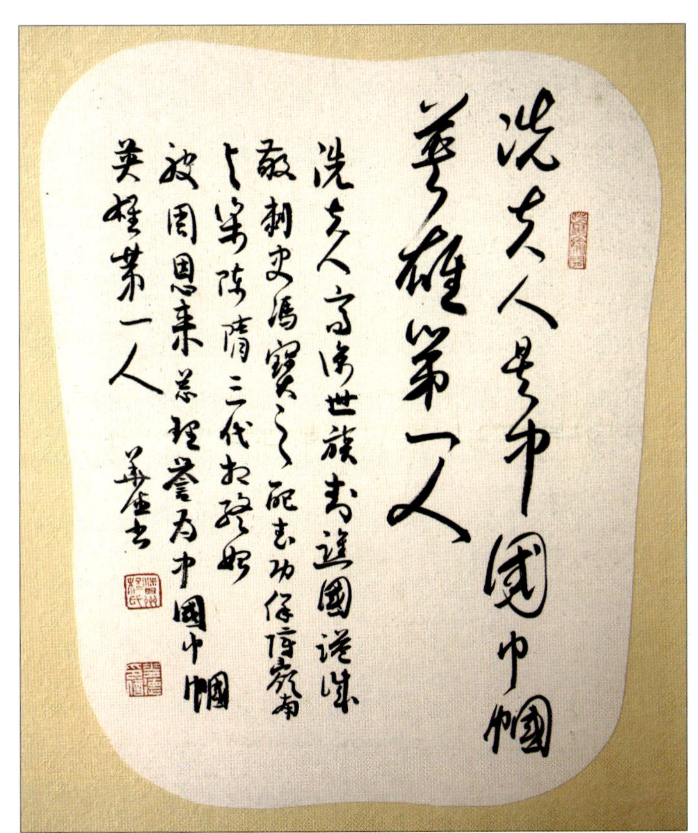

◀行草团扇

内容：冼夫人是中国巾帼英雄第一人。

——摘自周恩来总理1957年在青岛民族工作座谈会上的讲话

作者：程华德

▲草书中堂

内容：当年冼夫人力排阻力不搞分裂，坚持维护国家统一，增强民族团结，让岭南各族人民安居乐业，其功不可没，被周恩来总理誉为中国巾帼英雄第一人，至今她仍为我辈及后人永远学习的楷模。

——摘自江泽民总书记于2000年2月20日视察高州冼太庙时的讲话

作者：赖梓文

▲《高州冼太庙》 张景明 摄

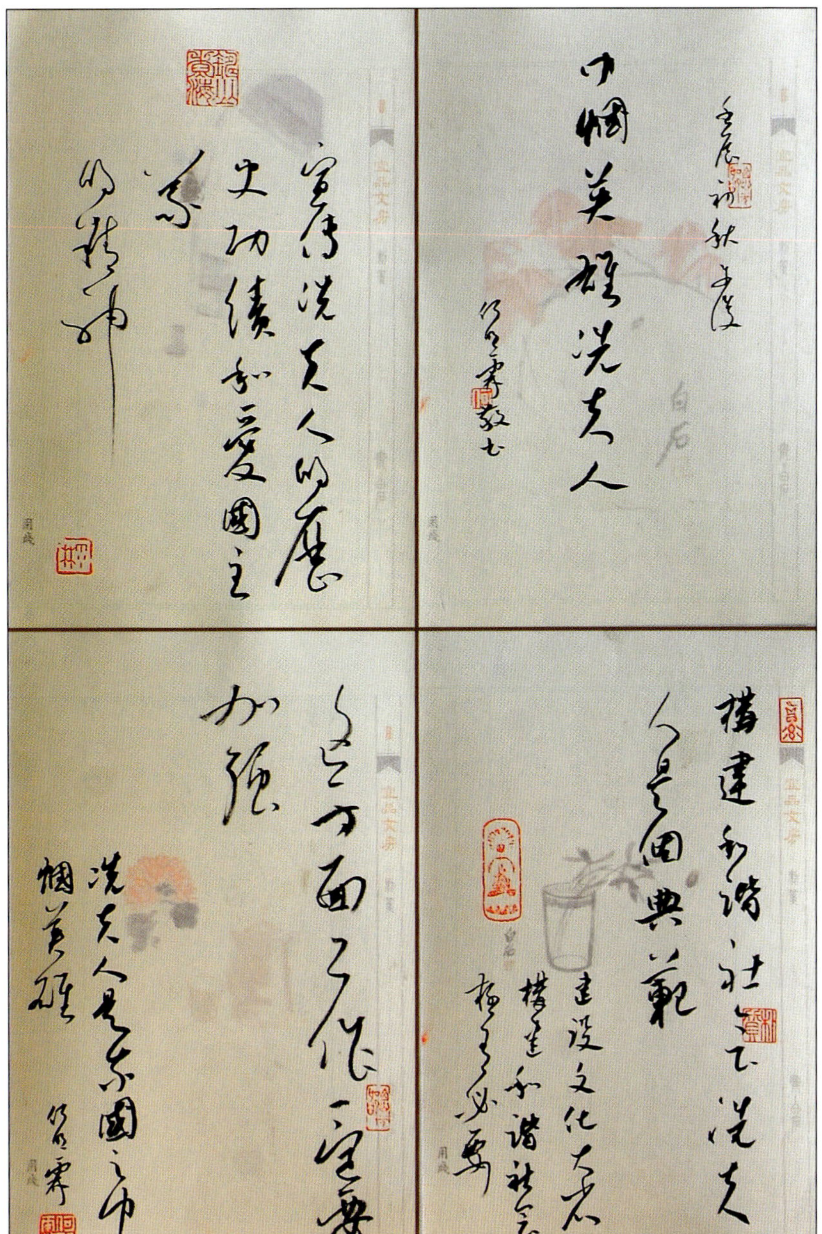

▶行书册页

内容：巾帼英雄冼夫人。构建和谐社会，冼夫人是个典范。建设文化大省，构建和谐社会，极有必要宣传冼夫人的历史功绩和爱国主义的精神，这方面工作一定要加强。

——摘自2006年11月13日，时任中共中央政治局委员、广东省委书记张德江（现任国务院副总理、中央政治局常委）接见海南考察团时的讲话

作者：何明霖

▲行书横幅

内容：巾帼英风。

——全国人大委员会原副委员长费孝通视察冼太庙时题词

作者：陈慧勇

▲楷书中堂

内容：冼夫人是妇女为国立德立功之第一人；妇女开幕府建牙悬肘之第一人；妇女任使者宣谕国家意志之第一人；妇女享万民祭祀之第一人。

——原广东省文史研究馆副馆长、中山大学教授、著名学者冼玉清女士对冼夫人的评价

作者：庞亚卓

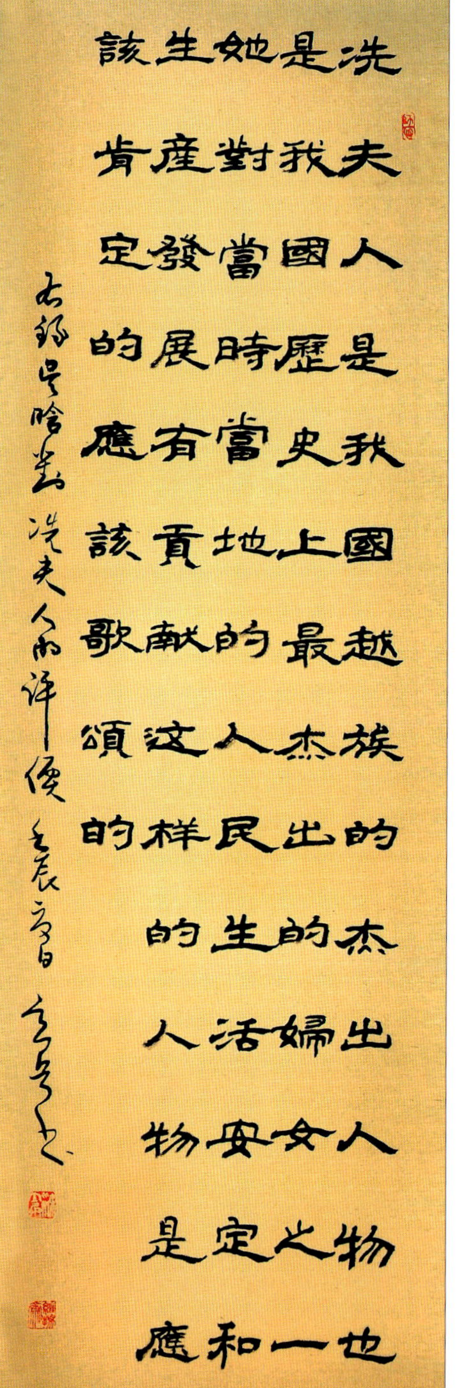

▲隶书中堂

内容：冼夫人是我国越族的杰出人物，也是我国历史上最杰出的妇女之一，她对当时当地的人民生活安定和生产发展有贡献，这样的人物是应该肯定的，应该歌颂的。

——全国政协原副主席、中央人民政府文化教育委员会委员、著名历史学家吴晗对冼夫人的评价

作者：梁立兵

▲《旧城冼太庙》 高凉清风编写组　摄

▲2013年1月5日,在高州冼太庙举办冼夫人诞辰1500周年庆典　李明军　摄

▲草书册页

内容：冯冼古烈妇，翁媪国于兹。策勋梁武后，开府隋文时。三世更险易，一心无磷缁。锦伞平积乱，犀渠破群疑。庙貌空复存，碑板漫无辞。我欲作铭志，慰此父母思。遗民不可问，偻句莫余欺。爆牲菌鸡卜，我当一访之。铜鼓葫芦笙，歌此送迎诗。

——北宋·苏轼《咏冼庙》

作者：程华德

▲《高凉岭冼太庙》　高凉清风编写组　摄

冯宝（507—557年）

冯宝，字君珍，号元善（一说字柱石，号廷臣），古高凉良德（今高州市境东北部）人。高凉太守，北燕王孙罗州刺史冯融之子，冼夫人丈夫。

梁大同初年（535年）与冼夫人联婚，冯冼联姻后，融合汉俚，落籍良德。冯宝为政勤勉，安民爱民，教民“铸作田器”，种麻养蚕，制作衣履，兴修水利，开办私塾，传播文化。大宝元年（550年），智取李迁仕，支持陈霸先，平定侯景之乱，维护高凉安定。陈永定元年（557年），冯宝病逝，葬于高州良德东15里的凤凰山磨盘岭上，称“高凉太守墓”，墓地遗址至今仍存在。

▼作者：吴思志

▲草书中堂

内容：为政以德，譬如北辰，居其所而众星拱之。

——孔子《论语·为政》

作者：方志武

冯盎（566—646年）

冯盎，字明达，古高凉良德（今高州市境东北部）人。出生于南越俚人首领之家，是高凉太守冯宝与冼夫人的孙子。

隋开皇中，任宋康县令，后多次领兵平定叛乱，战功显赫，被封为高州刺史、金紫光禄大夫、汉阳太守等官职。

隋朝灭亡，冯盎返回岭南，部署各部酋长首领，聚结兵马，守疆防乱，保境安民。唐武德四年（621年），冯盎率领南越各部落归顺唐朝，维护祖国统一，被封越国公，后又加封耿国公。

唐贞观二十年（646年）病逝于任上，太宗追谥他为左骁卫大将军，荆州都督。

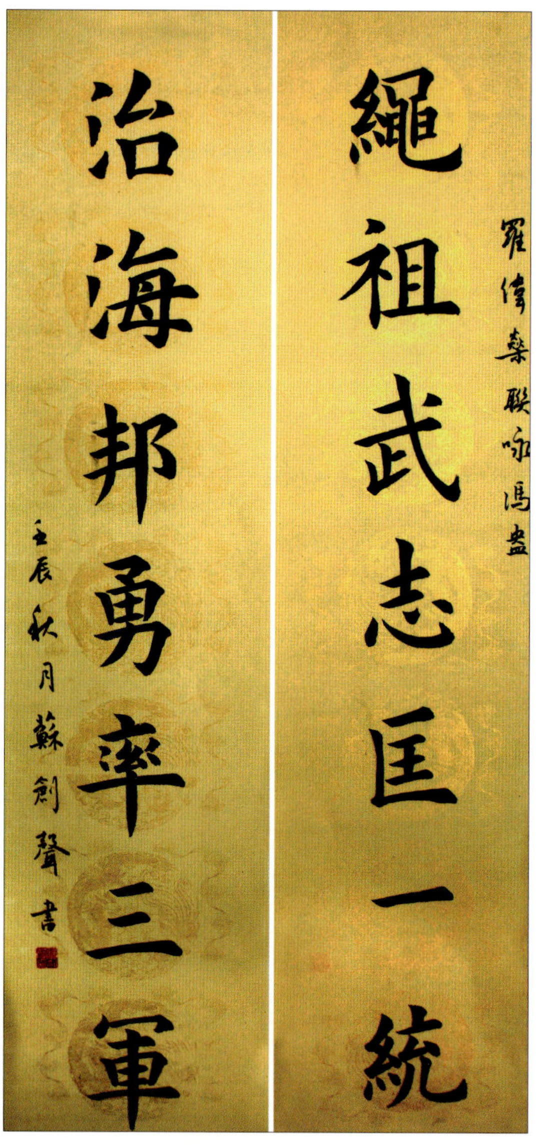

▲楷书对联

内容：绳祖武志匡一统，治海邦勇率三军。

——罗伟燊《咏冯盎》

作者：苏创声

◀作者：刘憨

潘惟贤（1228—1278年）

潘惟贤，字扬徵，号菉竹，生于南宋绍定年间，茂名县（今高州市）人。咸淳年间，赴乡试中举后，任茂名县尹。

元景炎三年（1278年），元兵直捣高州。潘惟贤护送幼主宋帝昺渡海至那黎港（今电白县南海镇晏镜村附近）后，奉命守御白沙寨。时“敌势猖獗，人皆降附”，潘被擒后拒不投降，愤然厉声道：“忠臣不事二君，我为宋臣，当为宋鬼耳！”后惨遭杀害。

其长子潘斗辅痛哭道：“为臣死忠，为子死孝，实属本分。以此剑刺贼之腹，为父报仇，方可解恨。万一被贼杀死，随父地下，死而无悲”。次子潘梅窗欲同往杀敌，“受兄所托，全躯以为潘氏宗祀千载之图”，后斗辅持剑闯进敌营，与元兵拼杀而死。

后人在高州城南街立“忠义孝悌祠”，以祀潘惟贤三父子。

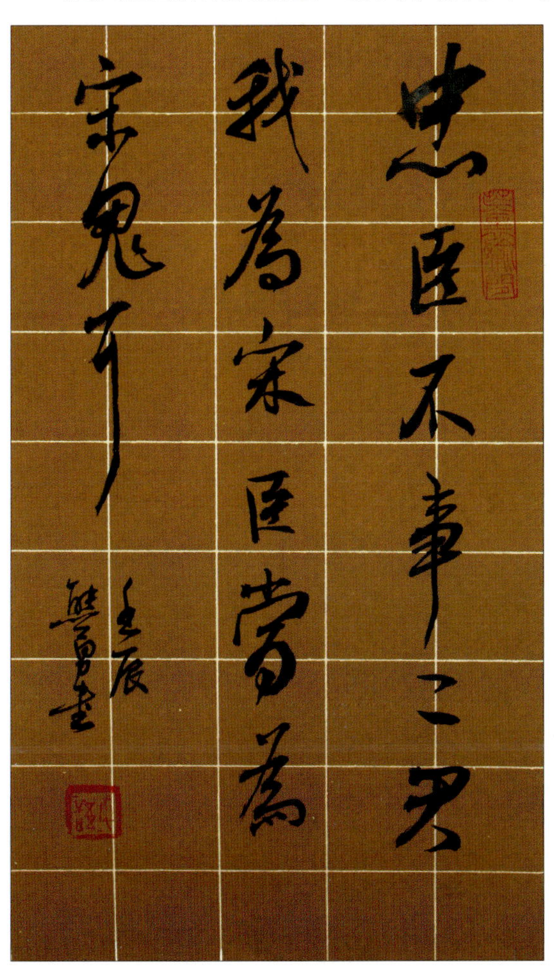

▲草书中堂

内容：忠臣不事二君，我为宋臣，当为宋鬼耳！

——潘惟贤自喻

作者：熊勇

▲作者：黄映华

孔镛（1417—1489年）

孔镛，字韶文，明代南直隶苏州府长洲（今江苏苏州）人。景泰五年进士。历任都昌知县、高州知府、右副都御史巡抚贵州，弘治二年召为工部右侍郎。

明成化元年（1465年），孔镛被朝廷钦点为高州知府。孔镛到任后，面对叛瑶的进犯，一改前任“为求自保，关闭城门，不顾城外百姓死活”的做法，加强防守，大开城门，收留难民，为其提供栖身之处，慰恤难民，造义冢安葬。为绝祸乱，孔镛对叛瑶采取安抚与镇压相结合的策略，恩威并举，使得大批叛瑶来降，辖区内国泰民安。孔知府“莅高四年，四民复业，及以忧去，军民泣送出千里外者”。由于他“治绩闻”、“居官廉”，朝廷赐诰命旌异，受到兵部表彰和奖赏。

治绩聞居官廉莅高四年四民復業及以憂去軍民泣送出千里外者

孔鏞贊 秋日龐卓書

▲楷书中堂

内容：治绩闻，居官廉，莅高四年，四民复业，及以忧去，军民泣送出千里外者。

作者：庞亚卓

◀画来源百度百科

李学曾（1465—1530年）

李学曾，字宗鲁，号鹤林，高州城西人。明弘治壬戌年（1502年）进士。初任江西进贤县令，因“守己爱人，卓有善政”，擢升为礼部给事中。后因病辞官回到故里，在家乡授学15年。后被荐举任吏部都给事中。每次奏事，“吐词琅琅，朝端悚听”。“外官入觐，多寅缘内补”，他指名道姓弹劾，“词严义正，闻者皆悚”，一时清廉成风。

嘉靖元年（1522年），他因“议礼忤旨下狱”，不久获释，便请求告老还乡。他隐居乡间，“出则徒行，蔬食菲衣，萧然自适”。后来朝廷欲起用他任大理寺少卿，他“力辞不就”。嘉靖九年病故，著有《鹤林遗稿》20卷留世。

▲作者：吴思志

▶行书条幅

内容：安能摧眉折腰事权贵，使我不得开心颜！

——唐·李白《梦游天姥吟留别》

作者：邱非拉

李一迪（1523—1591年）

李一迪，字君哲，号我山。明代高州城西人，嘉靖乙丑年会试进士，殿试名列探花。初任夷陵知州，政绩显著，声望甚高，当地百姓建生祠奉祀。后移任杭州府同知，“立均田法，调整耕地，大解民困”，后擢升留曹司，以“廉能著称”。后被任命为湖广乡试主考官，取士公正，随后“佥事粤西”，因整顿治安有功，升为浙江金衢副使。大力破除婚姻陋习，“约法定奁聘礼”，民间鬻女现象大减，当地民众尊称他为“李父”。但他“终不能媚权贵”而罢官归里，居乡期间，常“托孤恤贫，解囊助学”。

▲作者：吴思志

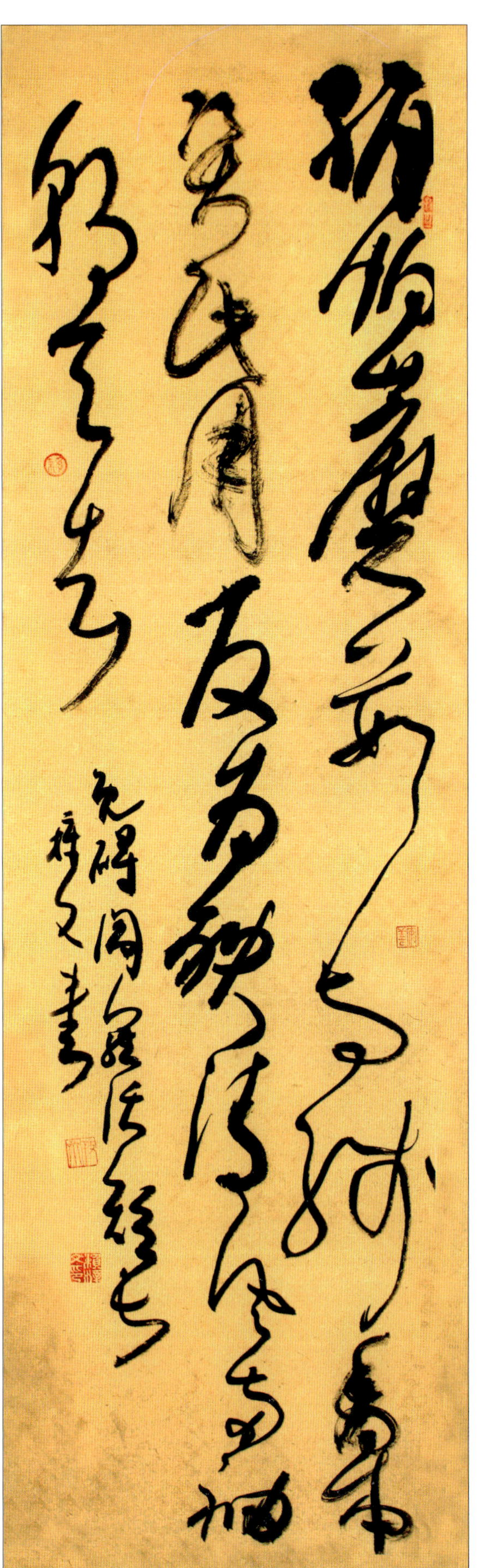

▶草书条幅

内容：绢帕蘑菇与线香，本资民用反为殃。
清风两袖朝天去，免碍阎罗话短长。
——明·于谦《入京诗》

作者：赖梓文

吴国伦（1524—1593年）

吴国伦，字明卿，号川楼子、惟楚山人、南岳山人，明代武昌府兴国州尊贤坊（今属湖北省阳新县浮屠镇吴智村）人。他才气横溢，为人正直，疾恶如仇，不依附权贵。明隆庆初年（1567年）任高州知府，时倭寇常侵犯，他上任后，加强防御，训练兵士，后率兵大败倭寇，是一位著名的抗倭英雄。他任高州知府期间，重教兴学，于隆庆三年创办了“南岳书院”（高州中学前身），为高州培育了大批人才。后罢官归里，讲学著书。吴中晚年生活清苦，但仍笔耕不辍，著有《藏甲岩稿》、《甑甄洞稿》（54卷，《续稿》27卷）、《陈张事略》、《吴川楼集》、《续吴川楼集》、《春秋世谱》、《训初小鉴》7部，近年又发现《川楼杂记》1部。他的著作主要收入《明史》、《四库全书》、《续修四库全书》等著名典籍中。

◀画来源百度百科

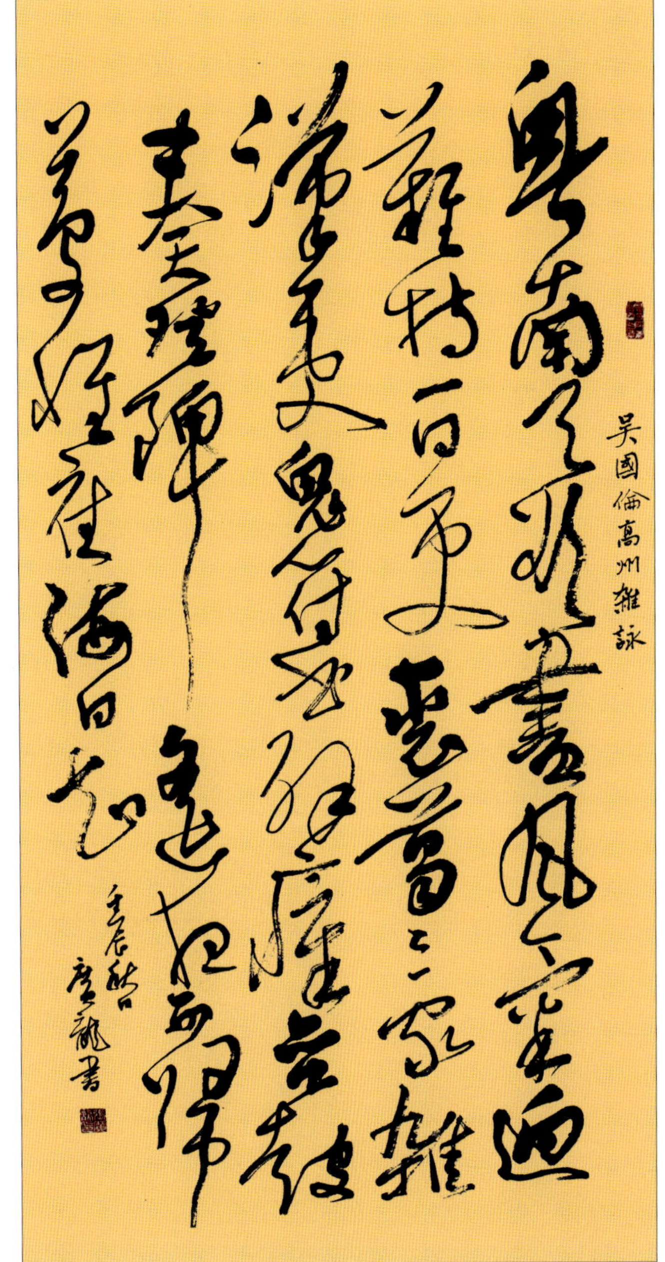

▲行书中堂

内容：粤南天欲尽，风气迥难持。
一日更裘葛，三家杂汉夷。
鬼符书辟瘴，蛮鼓奏登陴。
遥夜西归梦，惟应海月知。
——明·吴国伦《高州杂咏》

作者：张广龙

李铠（明·嘉靖至万历年间）

▲行草对联
内容：能吏寻常见，公廉第一难。
——金·元好问《元遗山集》
作者：赖梓文

李铠，生于明嘉靖年间，贡生，归化县令李邦光之子，高州城郊西岸村人。

他家业殷富，却“恬淡退让，自守寒素。其父有庶子两个，铠则为正室长子。其父将产业多分与他，少给其弟，但铠坚决不受，丝粒必与弟平均，不愿多占，友爱甚笃。”他历任教职，所到之处捐俸修学，深得士心，后擢升为署县事。他辞官归里后，热心公益，“雅好义举”。万历四年（1576年），高州知府张邦伊倡建宝光塔，该塔共耗费白金十三万两，李铠一人捐资八万；兴建发祥寺时，他亦不惜重资，玉成其事。

▶作者：刘憨

李元畅（明·嘉靖年间）

李元畅，字惟宝，号云泉，李一迪次子，生于明嘉靖年间，高州城西人。万历十年（1582年），乡试中举。他家境殷富，为人慷慨，少有大志，德行甚优，敦亲睦邻。他善作诗词，爱好古文，与同时代的地方名士姚岳祥、陈鉴齐名。著有《北征吹剑集》留世。其中名篇为《限门小幽谷》、《笔山诸赋》等，尤为集中之精品，深受文人逸士所珍爱，成为当时较有影响的一代文化名人。

▼作者：刘憨

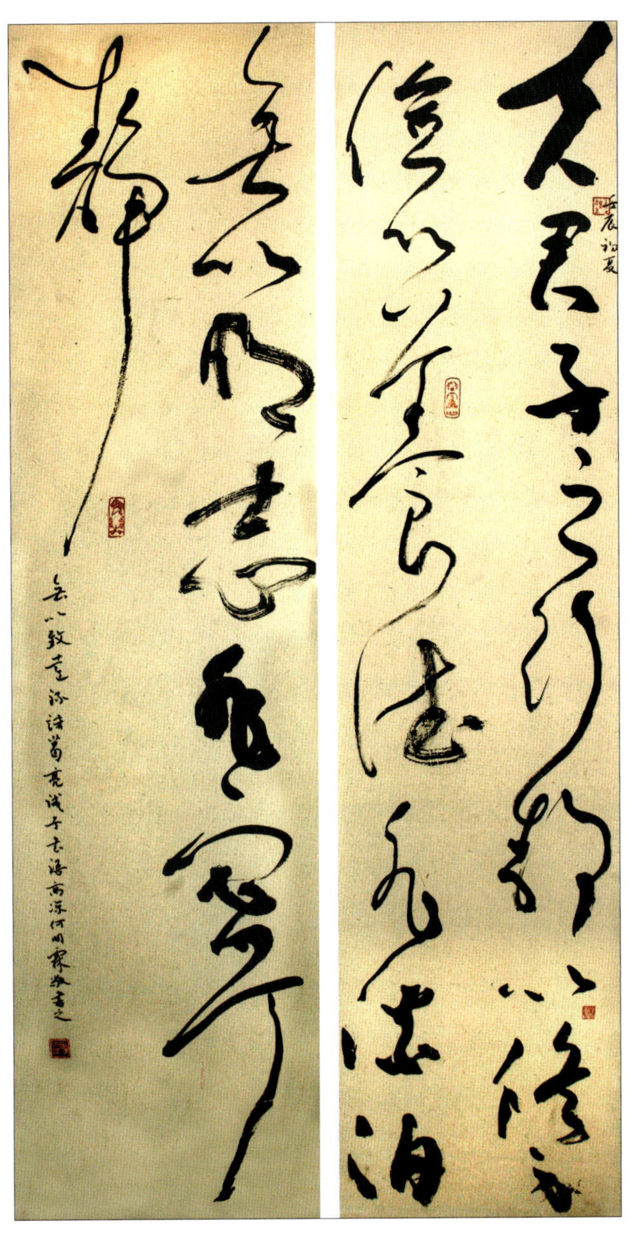

▲草书二屏

内容：夫君子之行，静以修身，俭以养德，非淡泊无以明志，非宁静无以致远。

——三国·诸葛亮《诫子书》

作者：何明霖

冯名望（明·嘉靖至万历年间）

冯名望，生于明嘉靖年间，高州人。万历四年（1576年），乡试中举第三名。初任阳山县教谕，后任国子监学录。任职期间“创田建斋，著书训士”。在社会公益事业和培养人才方面做了许多有益的工作。后擢升为兵部司务，慧眼识贤，推荐和使用了一批具有才能的军事人员，如推荐起用名将陈璘，后陈麟平乱抗倭，为国家立下大功。冯名望的品行及才华，赢得朝廷上下官员的一致称赞。

▲作者：黄映华

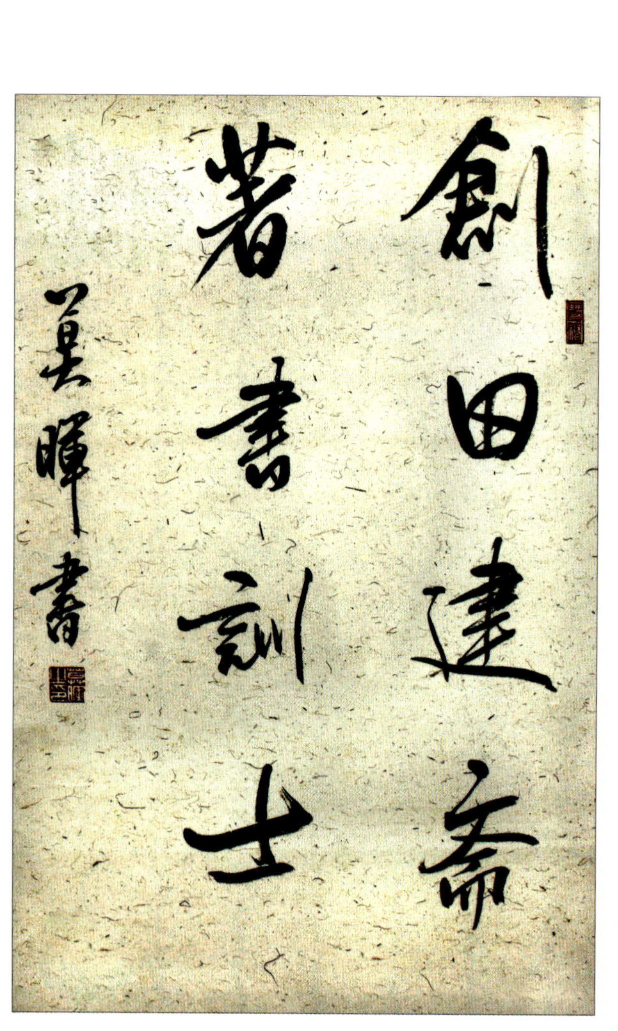

◀行书中堂

内容：创田建斋，著书训士。

作者：莫晖　高州市委办公室副主任，政策研究室主任

钱以垲（1664—1732年）

钱以垲，字阆行，号蔗山，浙江嘉善人，清康熙戊辰进士，康熙三十六年（1697年）任茂名知县。他重教兴学，在高州城东二里开办三至书院，康熙三十八年又开办安乐书院，培育了大批人才。任职期间曾主修《茂名县志》。他为官政绩显著，官至礼部尚书，加太子少保。雍正十年（1732年）去世，谥恭恪，著有《研云堂诗》，另纂有《隰州志》24卷。

▲作者：黄映华

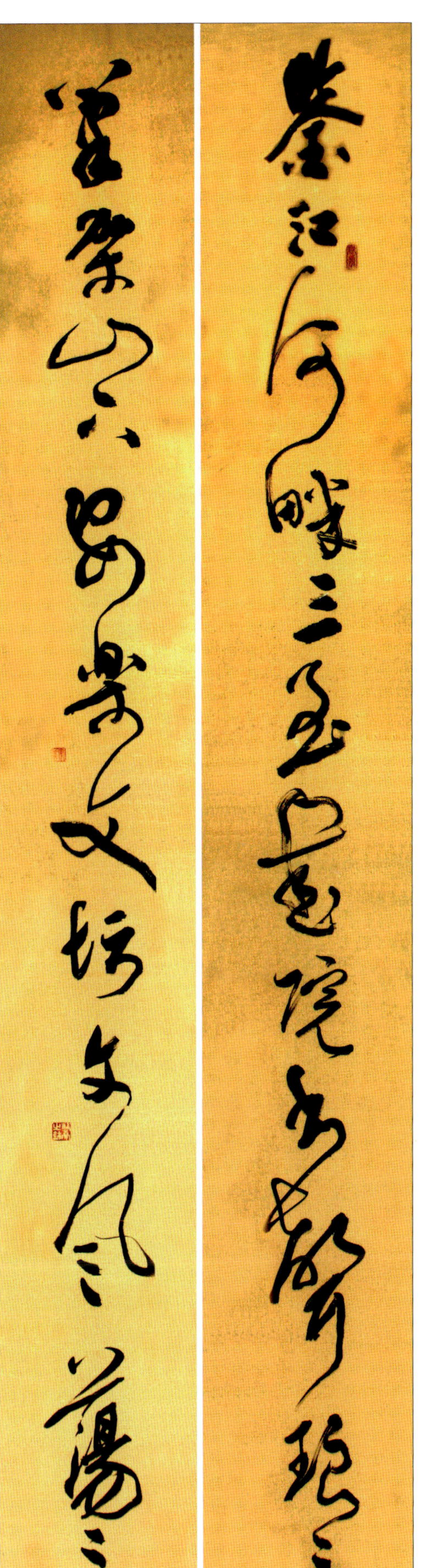

▶中书对联

内容：鉴江河畔，三至书院书声琅琅，
笔架山下，安乐文坛文风荡荡。
——佚名《咏钱以垲》

作者：陈慧勇

吴云间（1770—1850年）

吴云间，字虎峰，生于清代乾隆三十五年（1770年），高州北部银潢村人。

吴云间勤奋好学，文采出众，虽家境贫寒，靠其妻李氏“常刈薪樵，卖以予学资”，但仍苦心研学，孜孜不倦，寒窗苦读数十载，嘉庆五年（1800年）终考取举人，任广州训导。著有《求福新编》训世，学使李文清为其作序，称“德醇学正，自抒心得，无词章家习气，其要归唤醒大众人固有之心，可以醒心篇名之”等语，评价甚高。年80卒。文清临奠，亲自为其作奠文，借表对云间的敬慕之情。

▲作者：黎淦江　桃园画社

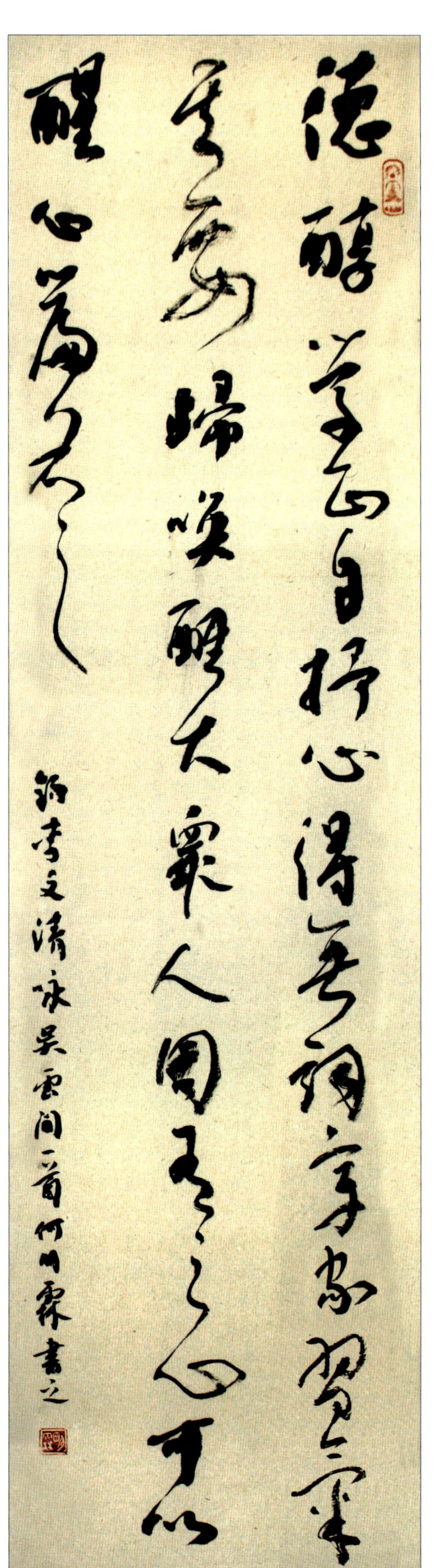

▶草书条幅

内容：德醇学正，自抒心得，无词章家习气，其要归唤醒大众人固有之心，可以醒心篇名之。

——清·李文清《咏吴云间》

作者：何明霖

胡国纲（清·乾隆至嘉庆年间）

胡国纲，号秋筠，福建归化（今福建明溪）人。清乾隆四十二年（1777年）举人，工于书法。清朝嘉庆二年（1797年）八月任茂名县知县。任职期间，为官清廉，“事政严明，奸民敛迹，籍命欺噬者每在验所断结，被控之家不待辩质。民安其业，颂声四起。未几因公撤任，竟囊空如洗，眷属滞留。乡民饷薪米以助，胡只取盘缠，多者分毫退还。”胡离任之日，“父老攀辕扶辙，夹道相送。”后乡民建“尚义名区”牌坊纪念胡国纲。

書端州郡齋壁

清心為治本 直道是身謀 秀干終成棟 精鋼不作鈎 倉充鼠雀喜 草盡狐兔愁 史冊有遺訓 無貽來者羞

壬辰年之秋日 董兆漢書

▶楷书中堂

内容：清心为治本，直道是身谋。

秀干终成栋，精钢不作钩。

仓充鼠雀喜，草尽狐兔愁。

史册有遗训，无贻来者羞。

——宋·包拯《书端州郡斋壁》

作者：董兆汉

▼作者：何山

汤振畿（清·道光年间）

汤振畿，字式中，号京山，高州城南郊塘口村人。清道光五年（1825年）中举，代任直隶知县。道光十八年，到省任职，奉委往河间府审办积案百余宗。他为官正直，明察秋毫，善于断案，做到庭无滞狱，月无积案。振畿于直隶为官多年，他涉水步行州县体察民情，半夜起五更眠，为民操劳。他俭约寡嗜，长期易装简从，不带眷属，一心为民，深受民众爱戴。

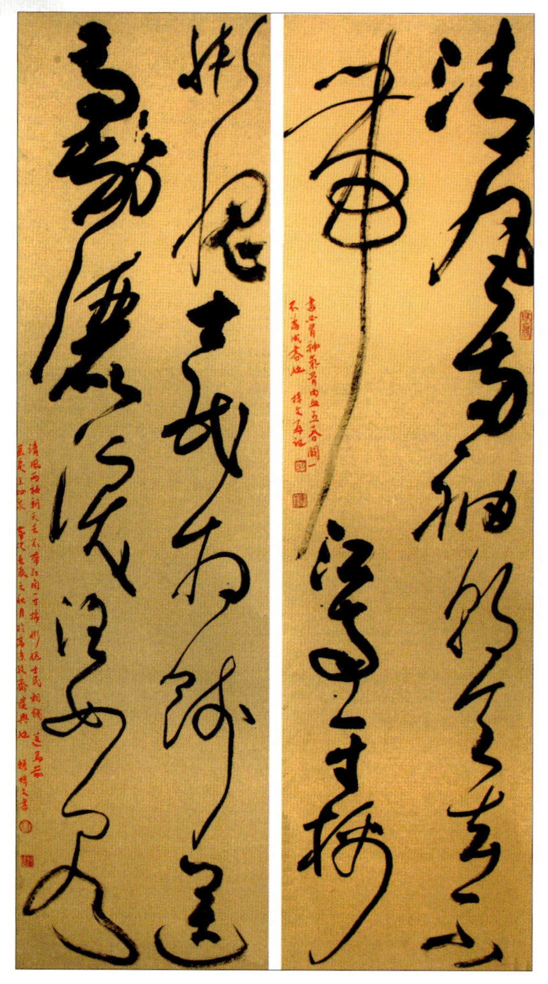

▶草书二屏

内容：清风两袖朝天去，不带江南一寸棉。
惭愧士民相饯送，马前洒泪注如泉。
——明·况钟《拒礼诗》

作者：赖梓文

▼作者：何山

近代清风先贤

吴徽叙（清·乾隆至道光年间）

吴徽叙，字憧伦，号暑樵，茂东石门坑村人。清嘉庆六年（1801年），“辛酉拔贡，连捷举人”。他才华出众，德行甚好，获得当道器重，历任高文书院、近圣书院及电白、信宜各书院的主事，致力于兴书教学，尊师重教，培贤育才，传承文化。善工诗文，其作品高简逸致，甚为优美，但惜全稿多散失。其《缄石集》则为郡士及门人所搜罗珍藏。嘉庆年间，曾参与纂写《茂名县志》。年至70岁时，截选知县而改为教谕。后卒于博罗学署。

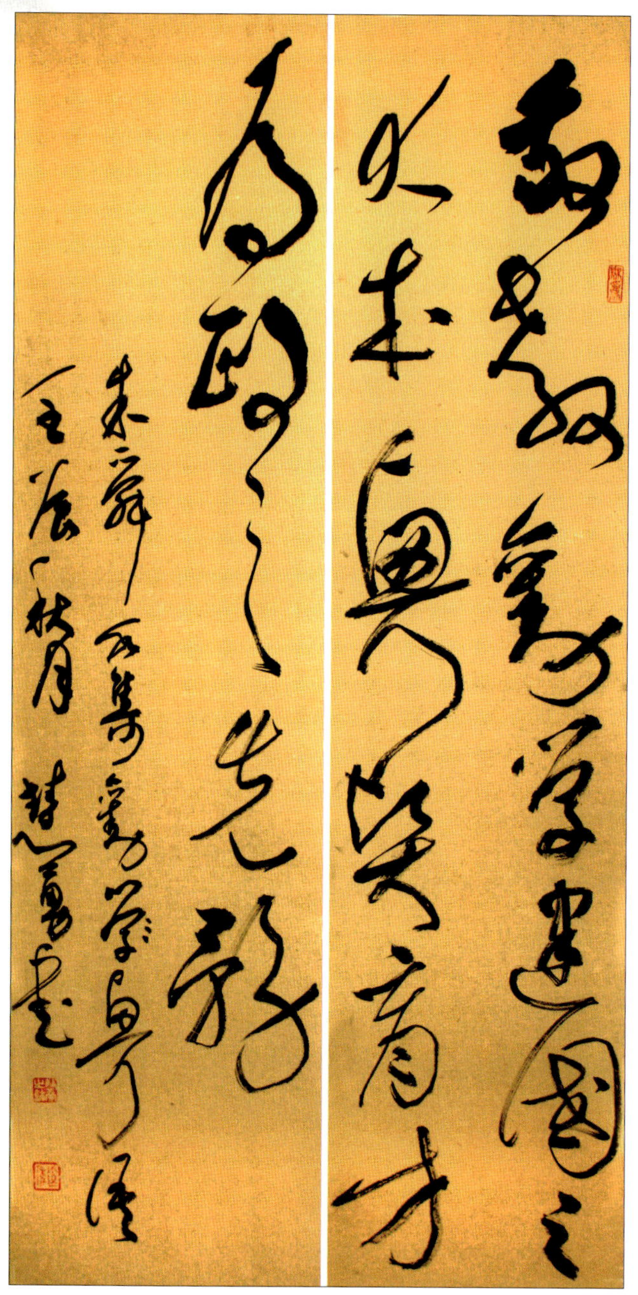

▲草书二屏

内容：敬教劝学，建国之大本；
兴贤育才，为政之先务。
——《朱舜水集·劝兴》

作者：陈慧勇

◀作者：黄映华

莫超宗（1811—1878年）

▲作者：谭世雄　桃园画社

莫超宗，字逸云，高州分界储良坡人。“少年聪敏，颇有智略，受父严训，恭俭谦和，德行良好。”他“家道殷厚，周争济困，县中公事，每捐重赀。”

咸丰年间，“地方不靖”，他“招练募勇，抵御贼寇，保卫乡里，耗费万金。”

在黔任职期间，不计较个人得失，虽因流言被免职，仍率兵勇剿平聚宝场，使安州得到稳定，因此官复原职。战乱后，地方残破，百废待兴，莫修整城郭，训练团勇，兴办文教，创设义塾，禁止各地私铸钱币，使当地民众享受到具体利益，政绩卓著。“黔中土瘠民悍，连年防剿，公私并竭，超宗则耐劳苦，复城池，斩悍贼，军资或缺，倾囊弥补，先后赔累数万金”。

光绪元年（1875年），莫奉调回粤，总办广东黔捐局务。后病逝于广州。

居廟堂之高則憂其民處江湖之遠則憂其君

摘録范仲淹岳陽樓記

壬辰年 庞亚卓书於一经斋

◀楷书中堂

内容：居庙堂之高则忧其民，

处江湖之远则忧其君。

——北宋·范仲淹《岳阳楼记》

作者：庞亚卓

容抚方（清·道光年间）

▲作者：吴建平　桃园画社

容抚方，字峻楼，高州谢鸡大川人，捐职贡生。家道殷厚，好行善事。

清道光元年（1821年）大灾，“斗谷钱三百，饥饿至死者无数”。抚方“输谷赈济，救活男女二百余口。”道光十年，大旱，灾情如元年，抚方同样赈济灾民。“村有一弥月小孩，其母丧，其父失明，衣食无着，难以自存。抚方为小孩雇请乳母，并提供衣食数年。”谢鸡墟头道路险峻，抚方雇工凿石铺路扩宽，“长达里许，费千贯而不吝”。“墟之南数里，地名顿谷坳，山路嶙峋，抚方出资整治为大道，方便行旅”。容抚方被民众誉为善人。

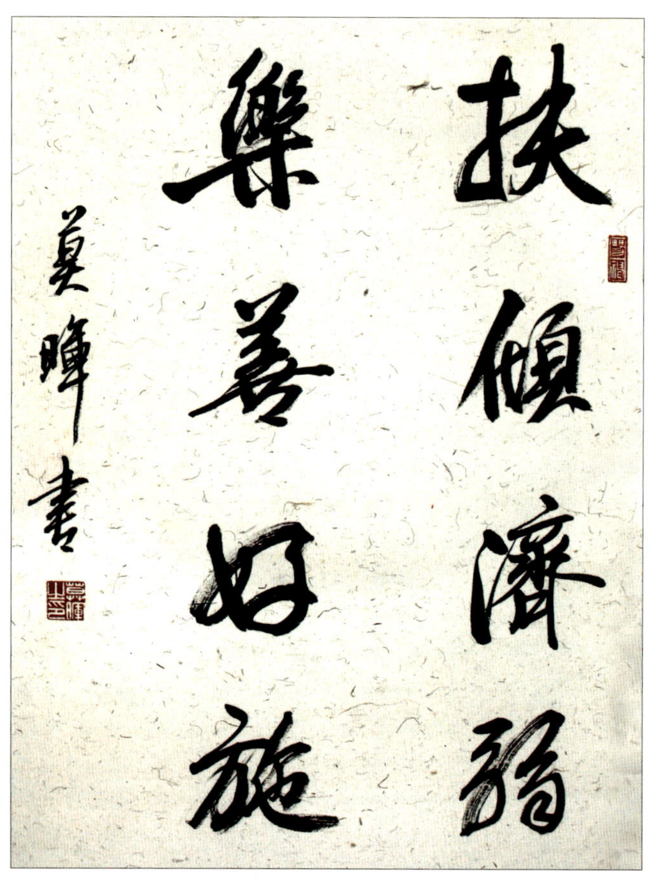

◀行书中堂
内容：扶倾济弱，乐善好施。
作者：莫晖

陈廷彬（清·道光年间）

陈廷彬，字平沙，高州城东人，清道光增生，擅工诗书，其书法风格既有颜体的端庄雄伟、浑厚有力，又有赵体的圆润清秀、端正柔和，致使登门求屏联尺幅者，接踵而至，他也尽量满足平民的要求。但对于达官显贵到来索对，则有意冷落或延时交付。

府观察史朱桓、县令张大凯、修撰林召棠，对于陈廷彬的书法成就给予肯定，对廷彬也很器重。但他从不以此而自负，一直保持清廉气节。时有人因涉案悬而未决，知道廷彬与官员关系好，便以重金找廷彬为其说情，廷彬却淡然地说："案小无害，然可保，即可攻。我贫惯，此事不宜手滑。"

晚年，他筑小楼自居，过着清贫生活。作有《清梦记》，感悟世言。府学教授黄迪光为其作序出版，茂名举人吴徽叙为其作传，称他为隐人。

▲楷书条幅

内容：案小无害，然可保，即可攻。我贫惯，此事不宜手滑。

——陈廷彬自喻

作者：熊勇

◀作者：谭世雄　桃园画社

梁仲光（清·道光年间）

梁仲光，字德流，清代道光年间，高州西部大朋村人。少时家贫，因勤学而迭试优等，后为岁贡。

他收徒教学，授课时先讲德义，后学文艺。要求学生要以“诚敬”二字为自己躬行的准则。他著书颇丰，其中《理数先后二天图》、《补天射日说》，为广大学者所珍藏。

由于他教育有方，其子八人皆成为各方面的专业人才。如梁汝瑛，字竹君，是道光甲午举人，任新兴训导，著有《享帚集》；梁汝璠，字鲁侪，岁贡，有谋略，他向官方提出的团练、海防、救荒等诸建议，多被采用，后任职鹤山训导，晚年辞官归里，专心写作，有《本学居集四书便检》等10部著作问世。

▲隶书对联

内容：德艺双馨，桃李满园。

作者：邝月微

◀作者：谭世雄　桃园画社

杨颐（1823—1899年）

杨颐，字子异，又字蓉浦，高州城西广潭村人。咸丰二年（1852年）乡试中举，后回乡办团练，参理地方政务。同治四年（1865年）赴京会试进士，被钦点翰林院庶吉士。后任国史纂馆修、都察院左副都御史、兵部右侍郎、工部左侍郎等职。他任职期间，刚正不阿，敢于弹劾那些徇私舞弊、贪赃枉法、骄横跋扈的大臣。在几次担任主考官中，为朝廷选拔了不少人才，对修纂国史也作出了贡献。光绪二十五年病逝于家中。

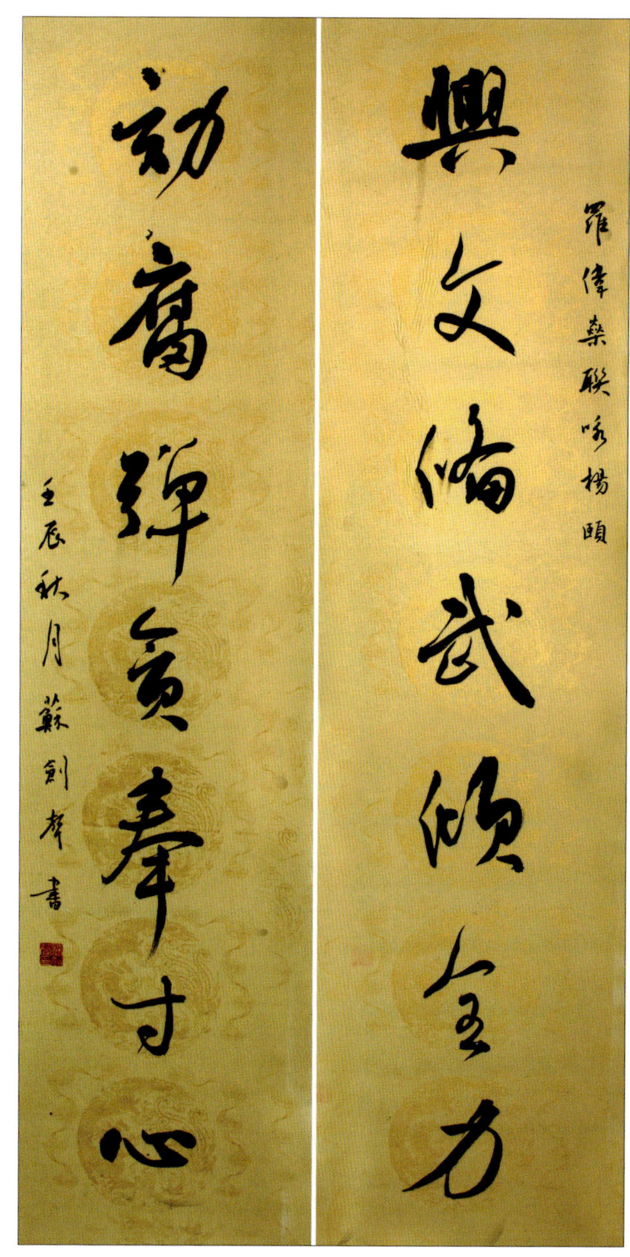

▲行书对联

内容：兴文备武倾全力，
劾腐弹贪奉寸心。
——罗伟燊《咏杨颐》

作者：苏创声

◀作者：吴思志

周朝勋（1837—1901年）

周朝勋，字沅馨，号宇荣，生于道光十七年（1837年），茂名县黄塘乡大科洞村（今高州市长坡镇）人。

出身书香世家，随母教养。5岁古文诗词歌赋，闻过能诵。勤习书法，10岁写得一手好字，13岁府试考取廪生。同治四年（1865年）上京应殿试，书法第一，钦定为“朝元”，官拜四品衔内阁中书。光绪二年（1876年）被诰封三品衔兼奉直大夫。与杨颐一道，与朝廷奸臣展开过激烈的辩论和斗争。后被钦派江苏新安、河南镇平等任训导和主考，为朝廷选拔优秀人才。光绪二十三年因老母多病，事母尽孝隐居田园。回乡后，参与重修《茂名县志》，并把自己的积蓄捐献给乡里办公益事业，修建学堂、祠堂，德高望重，深受民众的尊重。

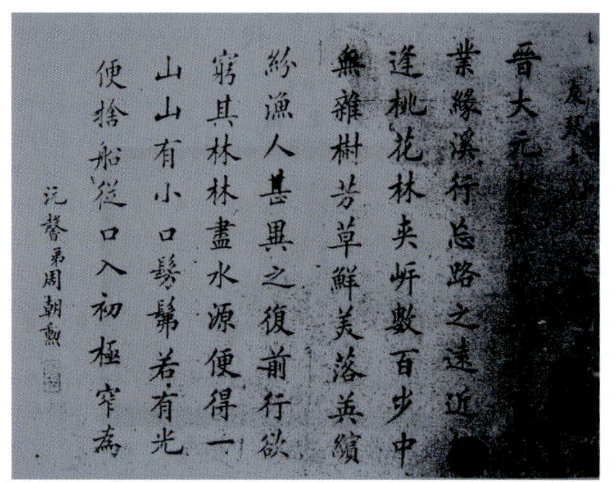

▲《高州籍清朝书法朝元周朝勋遗墨》 周泽明　摄

▲作者：黄宁

▲行书对联

内容：千经万典，孝悌为先。

——《增广贤文》

作者：何明霖

许道身（清·同治年间）

許公在，牧令雖虐無傷
開誠布公下情弗壅署内外無妄索人民一錢者所轄九州人人心目中以為有許公在牧令雖虐無傷
梁哲

许道身，字缘仲，清同治年间任常镇道员、高廉道，后任分巡高雷道。他任职期间，“开诚布公，下情弗壅”❶，署内外无妄索人民一钱者，所辖九州（指高雷九县）人人心目中以为有许公在，牧令虽虐无伤。”又重教兴学，开设学堂，政绩显著。他一心为民，最后卒于官任，高州民众缅怀其功德而建“许公祠”奉祀。

▲作者：江雪群 桃园画社

►行楷条幅

内容：开诚布公，下情弗壅，署内外无妄索人民一钱者，所辖九州人人心目中以为有许公在，牧令虽虐无伤。

作者：梁哲

❶ 民意不堵塞。

易顺鼎（1858—1920年）

易顺鼎，字实甫，又字仲硕，号眉伽，晚号哭庵，龙阳（今湖南汉寿）人。清光绪元年（1875年）举人。宣统元年（1909年）任高雷两州巡道兼兵备道，对地方军政官员进行监督，反映民意，对渎职者进行弹劾。他到高州冼太庙和潘仙祠视察，并即席赋诗，表达自己将以高州的历史名人冼夫人、潘茂名为榜样，为民办实事。他深入民间，广泛听取民众意见，把民间疾苦上呈朝廷，在高州、雷州任职期间极力倡廉，亲自制定并公布《崇尚节俭示文》，提倡节俭，希望养成勤俭之风。并告诫官员要关心百姓，如果“为官不为民，不以民为本，不关心人民疾苦，光食俸禄，也同贼无异”。著有《琴志楼诗集》等留传于世。

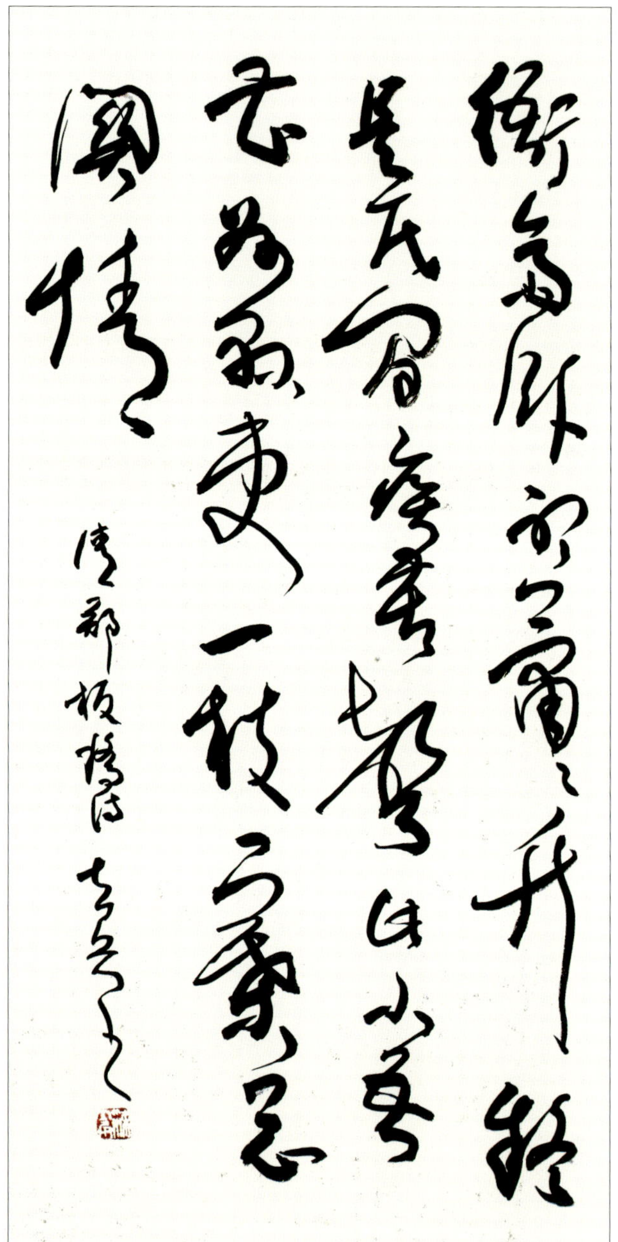

▲草书中堂

内容：衙斋卧听萧萧竹，疑是民间疾苦声；些小吾曹州县吏，一枝一叶总关情。

——清·郑板桥《潍县署中画竹呈年伯包大中丞括》

作者：梁立兵

▼作者：何山

张锦芳（1854—1921年）

张锦芳，字荔园，高州城东郊下苍地村人。青年时期投笔从戎，清光绪元年（1875年）往广西边防军服役，任“岳”营帮带兼营务文案，驻防越南北宁，相助黑旗军。他先后组织和参加了观音桥伏击战、谅山保卫战和镇南关大战，毙敌千余。光绪十一年，张受任五军参赞，留越收集旧部，以武崖、知里一带为根据地，与越南人民配合共同抗法七年之久。光绪二十年归国，先后出任广西迁江知县、候补通判、宁明州知州等职，肃清匪乱，维持治安，巩固边防，成绩显著。宣统三年至民国8年5月（1911—1919年），先后任广东赤溪县知事、东莞县知事、高雷道尹、粤海道尹等职。民国8年6月至9年4月（1919—1920年）任广东代省长，后告老辞职，退居香港。民国10年（1921年）病逝。著有《荔园诗集》。

▲草书对联
内容：为国尽忠，
抗击外虏。
作者：方志武

◀作者：何山

车驾龙（1874—1944年）

车驾龙，号云六，高州分界镇禄村人。民国元年（1912年），车离京回乡。先后出任高州府独立营营长，第一师一等参谋，第二团副团兼代理团长，军务教官，琼崖绥靖处会办兼陆军警备团长，驻琼州、廉州、高州警备军统领。在高州任职期间，捐款修建高州高文书院。“九·一八”事变后，高州城各学校爱国学生400余人，成立“抗日救国义勇军”，车驾龙应聘出任教官。民国28年（1939年），车驾龙加入抗日队伍，并被推选出任茂名县抗日自卫团第一大队长。他不仅投身抗日，更在任职期间把家中的2支步枪、2支手枪、1000多发步枪子弹、500多发手枪子弹全部献给部队。后受聘广东南路行署参议，因病辞职回乡疗养，1944年在家乡逝世。

▲作者：江雪群　桃园画社

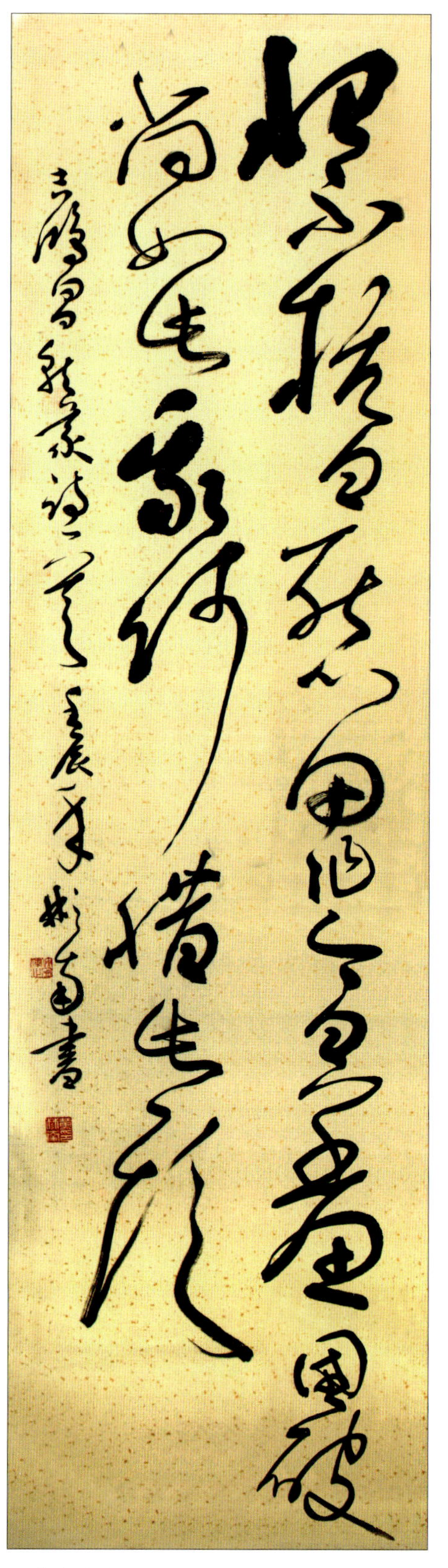

▲草书条幅

内容：恨不抗日死，留作今日羞。
国破尚如此，我何惜此头。
——吉鸿昌《就义诗》

作者：黄彬南

周䃼（1884—1924年）

周䃼，字伟民，高州城北街人。“周少孤，承父遗，性豪侠，尤喜帮人排难解忧。”

辛亥革命前夕，林云陔、谭惠泉、梁宣城等人在高州组织民军，他全力资助。除了将自己存于当铺的物资、存款提供军需之外，还变卖家中田地，把所得之款用作革命活动经费。及至推翻清朝，高州光复后，林云陔、谭惠泉等同盟会中人都出任地方军政要职，他却居家守素，不求闻达，继续为民主革命奔走。“二次革命”讨袁失败后，孙中山改组国民党，周䃼又四出联络同事，筹建中华革命党高州支部，受孙中山委任为支部长。为支助革命，他散尽家财，生活困难，民国13年（1924年）辞世。

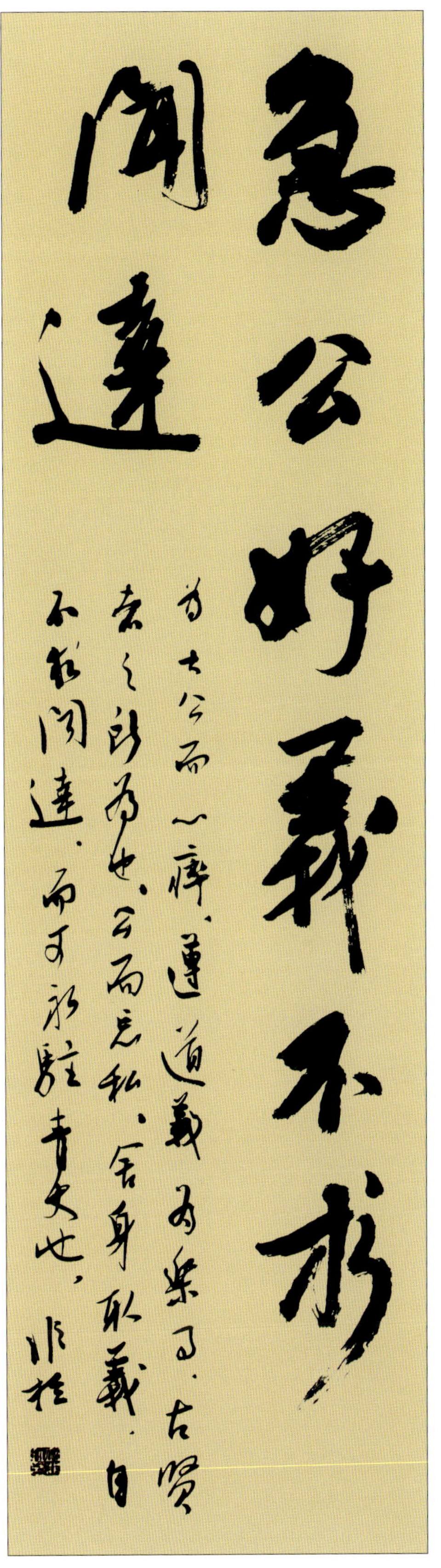

▲行书条幅
内容：急公好义，不求闻达。
作者：邱非拉

▲作者：江雪群　桃园画社

《深镇响水瀑布》 张景明　摄

现代清风人物

刘家荣（1882—1966年）

刘家荣，亦名天寿，人称老天寿，粤剧名演员，高州西镇人。自幼喜看粤剧，习久成迷，且善模仿。12岁入“祝康年”班学戏。入班后，勤学苦练，一丝不苟，艺技日进，20岁担任要角，30岁扬名两广。他戏路广，功底深厚，从不卖弄身段，着意深入角色，细腻演活人物。抗战期间，他因抵制和拒演色情庸俗的剧目而被班主解职，宁可搭阴阳班演出糊口也不随波逐流。新中国成立后他重返戏台献艺，并积极参加戏曲改革工作，先后口述整理了十几部濒于失传的传统剧目，为挖掘、整理传统剧目作出了贡献，1954年被聘为广东省文史馆员，仍留光艺粤剧团工作。著名粤剧表演艺术家马师曾题写“宝藏”两字相赠。

▲作者：谭世雄　桃园画社

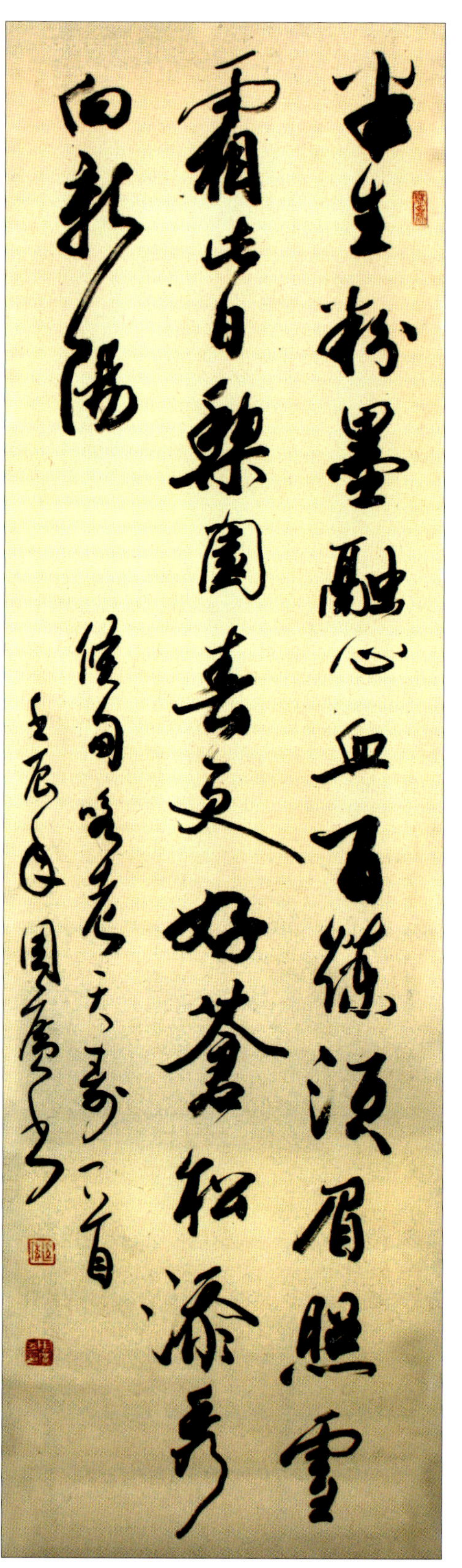

▲行书条幅

内容：半生粉墨融心血，百炼须眉照雪霜。
此日梨园春更好，苍松添秀向新阳。
——侯甸《咏老天寿》

作者：周广

丁颖（1888—1964年）

丁颖，字君颖，号竹铭。清光绪十四年（1888年）生，高州谢鸡镇石塘村人。少时出国留学，回国后开始稻作学研究。他治学严谨，不避寒暑，常实地考察，苦心钻研，1926年选育出优秀稻种“中山一号”，民国18—27年（1929—1938年）的10年间，共选育优良稻种100多个品种系列，育成60多个优良水稻品种，在两广地区推广种植，深受农民欢迎。其中1936年培育出世界上第一个“千粒穗”水稻类型。为发展我国水稻生产和科技事业呕心沥血，鞠躬尽瘁，而且生活朴素，勤俭节约，关心支持家乡建设，常接济乡人求学，是备受中国人民尊敬的农业科学家。

丁颖的科学成果在国际上也有很大影响。日本农学家称他为“中国稻作学之父”。先后应邀往苏联、东欧国家访问，进行学术交流，荣获多国农业科学院名誉院士等荣誉。

◀行书条幅
内容：中国稻作学之父。
——日本农学家评价
作者：李楹华

▲作者：黄映华

邓龙光（1899—1979年）

邓龙光，字剑泉，号德梧，茂名县白沙村（今茂名茂南区）人。自高州中学毕业后，投笔从戎，入军校学习。参加过东征讨伐陈炯明、南征讨伐邓本殷及驱逐滇桂军之战，民国17年（1928年）初参加北伐，生擒刘德春，其后直捣鲁、冀，连战皆捷。

邓龙光在抗日救国运动中，领导其部下积极抗击日军侵略，奋力杀敌，多次给日军以迎头痛击。抗战胜利后，邓奉调广州湾（今湛江市）及海南岛接受日军投降。

民国35年（1946年）与兄弟邓德槐、邓鄂筹建的“秀川图书馆”在高州城文明门原址落成，为当时高州县城唯一的私立图书馆。

▲草书对联

内容：淞沪一呼惊日胆，

西南连接壮华魂。

——罗伟燊《咏邓龙光》

作者：陈慧勇

◀作者：黄映华

朱也赤（1898—1928年）

朱也赤，原名朝柱，字克哲，茂名县金塘白土（今茂名茂南区金塘镇）人。是高州地区最早的中共领导人和农民运动领导人之一。

民国14年（1925年），他加入中国共产党，并改名为朱也赤。受党组织派遣，随国民革命军南征回到茂名。先后参与成立了国民党茂名县党部、中共茂名县支部，茂名县农协筹备会。在国共合作期间，他以中共、农协、国民党三方面领导人身份，领导茂名县的革命工作。

民国16年（1927年）4月12日反革命事变后，朱也赤任中共南路特委委员，统一领导南路武装斗争。民国17年（1928年）5月间，南路特委在赤坎召开秘密会议。因叛徒告密，朱也赤被捕，他在狱中受尽严刑拷打，坚贞不屈，并在牢房墙壁上用鲜血写下《就义诗》四首。同年12月23日，于高州城郊东门岭英勇就义。

◀作者：黄映华

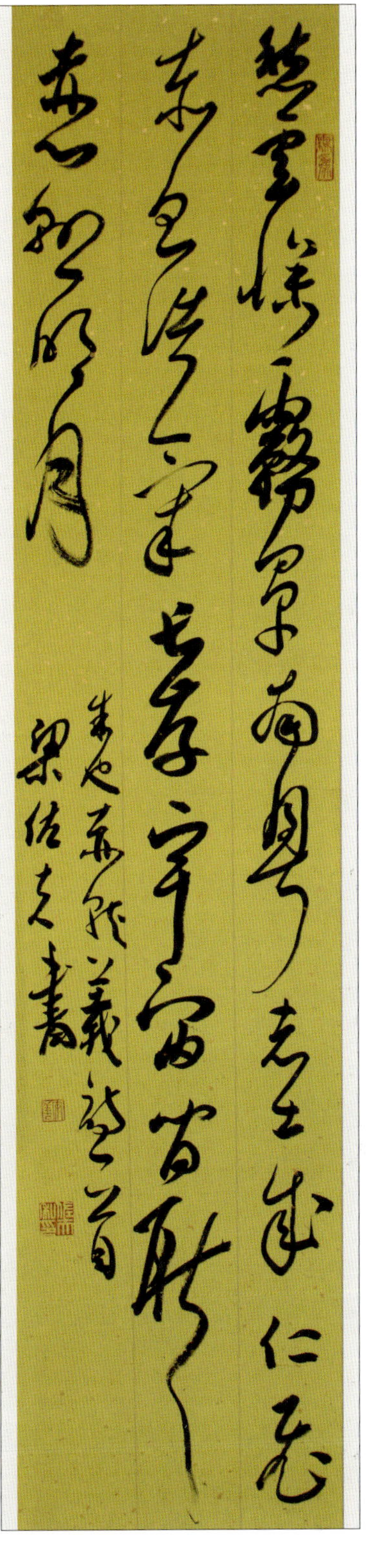

▲行草条幅

内容：愁云惨雾罩南粤，
志士成仁飞赤血。
浩气长存宇宙间，
耿耿赤心悬明月。
——朱也赤《就义诗》

作者：梁佐夫（12岁）

林巽权（1901—1970年）

▲林巽权照片（由其亲人提供）

林巽权，高州泗水镇鸿猷人。

林巽权15岁开始自学中医，18岁拜萧梦生为师，业成后在乡中为群众治病。他推崇“财物济人有限，而良医救世无穷”的理念，身体力行，不以富贵为荣，笃志岐黄，以医济世，卖掉一百多担租谷❶的祖上良田，扶贫济世。对病人诊金随惠，赤贫者免，有请必到，来者必诊。他博众家之长，去伪存真，勇于探索，大胆创新，渐成一派。他十分重视四诊，运用十问追溯病因，分析症候，辩症施治，药到病除。在20世纪30年代，他已开始学习《中西会通》等西医书籍，并将西医知识运用于临床。他精通内科，尤为擅长治肺结核病，编著出版了《水肿十四方》一书。

新中国成立后，他被政府吸收为医生，先后在分界医院、县中医院工作，为高州医疗卫生事业作出了巨大贡献，1962年被授以“广东省名老中医”称号。

▲作者：黎淦江　桃园画社

▲楷书对联
内容：学贯中西，悬壶济世。
作者：陈彦良（12岁）

❶ 一担租谷约等于三亩田。

丁衍镛（1903—1978年）

丁衍镛，字叔旦，又名衍庸，高州谢鸡镇茂坡村人。少时出国学画，回国后从事美术教学。1928年参与筹建广州市市立博物院（今广州市立博物馆），是广州博物馆事业的开创者之一。1929年被国民政府教育部聘为第一届全国美术展览会筹备委员兼甄选委员。1938年任重庆国立艺术专科学校教授。抗战胜利后，他的作品代表中国画界出展法国东方博物馆及法国历史博物馆。丁衍镛被列为世界代表画家之一。

1946年任广东省立艺术专科学校校长，1949年赴香港任教，1964年任香港中文大学艺术系教授。他的油画造诣很深，后来又专攻国画。其国画用笔取向师承八大山人；花鸟虫鱼则取法徐渭神髓；其题款草书，则介于米芾、怀素、张旭之间。画作“以形传神，以神造形”，意趣盎然。居港期间，他爱收藏古印章及五代石刻佛像。喜好篆刻，多作象形及金文。著有《丁衍镛画册》、《丁衍镛印选》等著作。

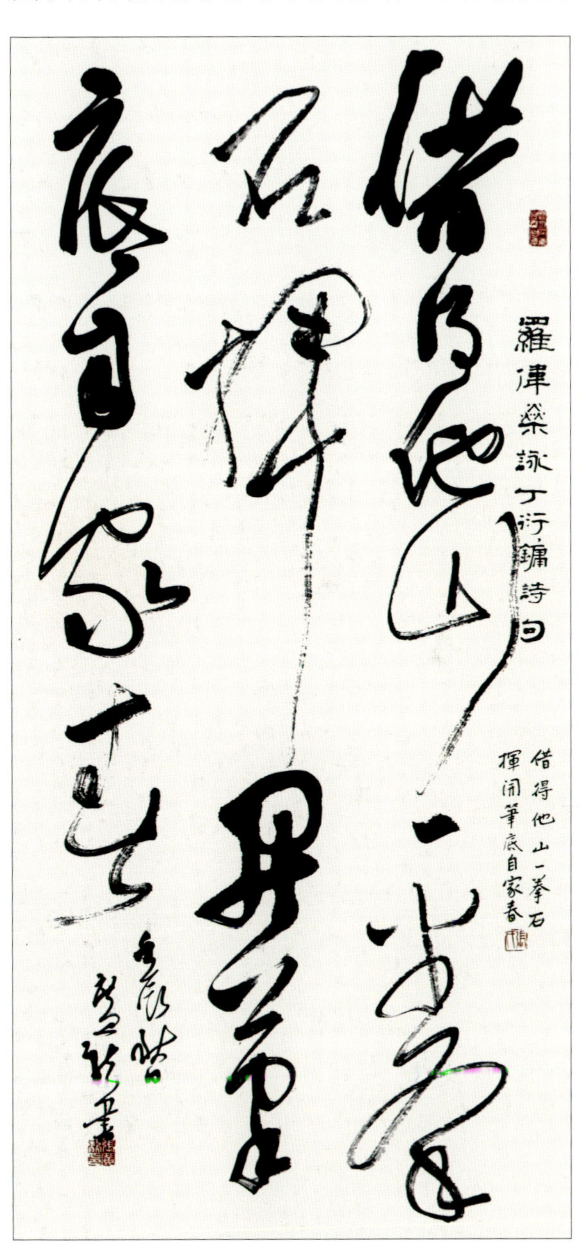

▲草书中堂

内容：借得他山一拳石，
挥开笔底自家春。
——罗伟燊《咏丁衍镛》

作者：张广龙

▲作者：黄映华

罗淑英（1921—1947年）

罗淑英，又名罗志坚，女，高州城砚塘街人。民国28年（1939年）9月，罗淑英由乡村工作团茂名分团转入茂西抗日游击队，不久加入中国共产党，决心为实现共产主义奋斗终生，并取名罗志坚。她深入乡间访贫问苦，办识字班，教唱革命歌曲，宣传抗日救国。

民国31年（1942年）秋，她先后在茂南郁秀、南盛小学和茂西程村小学任教，负责联系当地共产党员，并团结扩大进步力量。任教期间，她省吃俭用，将工资收入的大部分上交党组织和支援有困难的同志。民国36年（1947年）春，中共党组织派她到覃巴，和队长梁英一起领导武工队开展活动。罗淑英独力承担领导武工队重任，发动群众与敌人展开拼搏。在穿越敌人封锁线时和李平年一起在羊角被捕，后惨遭杀害。

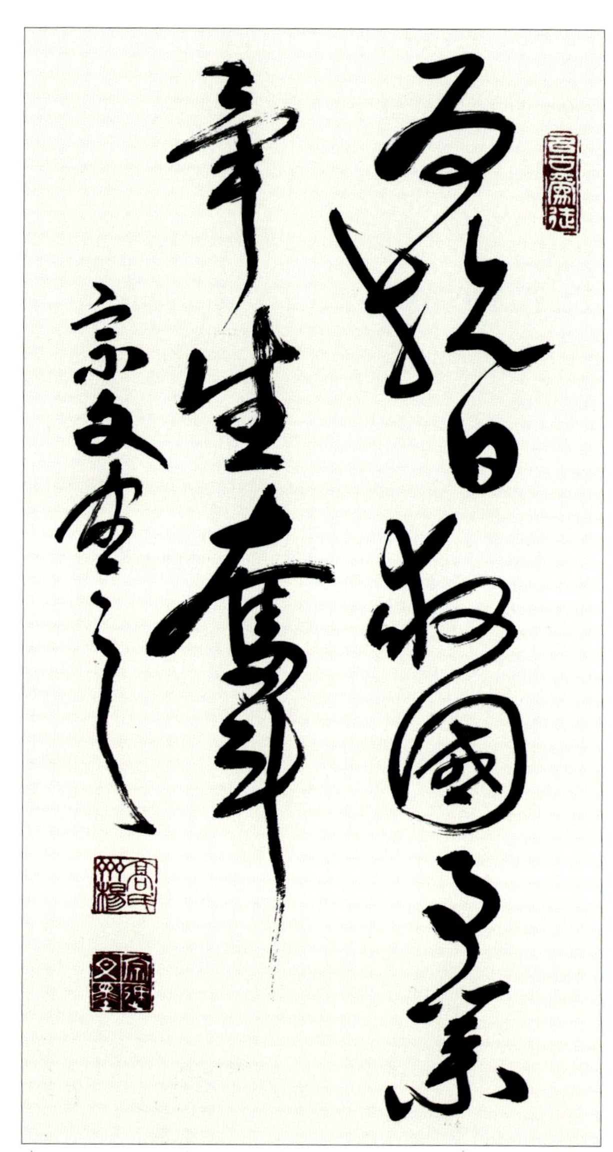

▲草书中堂

内容：为抗日救国事业毕生奋斗。

作者：杨宗文

◀作者：黄映华

熊宜武（1925—1948年）

熊宜武，曾名熊飞，高州顿梭镇八角山村人。他出生于广州，青年求学时接受革命思想。民国36年（1947年）暑假，参加秘密游击小组。同年冬，加入中国共产党。民国37年（1948年），中共茂名中心县委决定为武工队筹集粮款，组建长枪队。他主动回乡，以上学为名，把家里的水田卖掉，得款1000多万元（关金券），还把家藏的16块共重1.6斤的金条拿出来，除购买一套《鲁迅全集》赠送其兄外，其余全部献给游击队作经费。同年6月，在执行任务时，在平田芋荚塘被敌军包围，不幸中弹牺牲，年仅23岁。

▶作者：黄映华

▼隶书横幅

内容：不惜千金买宝刀，貂裘换酒也堪豪。
一腔热血勤珍重，洒去犹能化碧涛。
——秋瑾《对酒》

作者：庞亚卓

何锡祥（1951—1979年）

何锡祥，高州根子镇人，中国人民解放军55军165师494团1连指导员，战斗英雄。葬于广西凭祥匠止烈士陵园。

1968年4月，何锡祥参加中国人民解放军，8月加入中国共产党。此后，多次被评为“五好战士”，先后升任班长、连指导员。1979年2月在对越自卫还击战中，带领一连战士进攻同登西侧的伯良越军，拔掉越军2个火力点，团党委给他记三等功，并通报全团。谅山战斗开始，率领一连担负攻占和守卫奇穷河畔巴别西侧无名高地，截断越军退路，阻击越军增援任务，在战斗中英勇牺牲。1979年9月，中央军委授予何锡祥烈士“战斗英雄”称号，授予他所带领的连队“英雄连”称号。

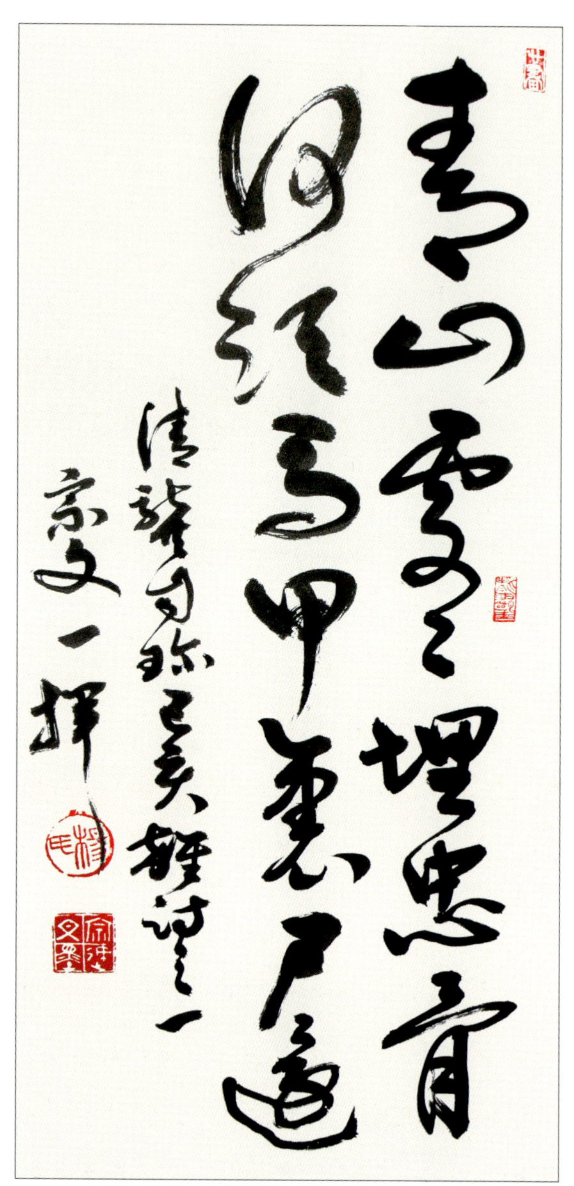

▲草书中堂

内容：青山处处埋忠骨，何须马甲裹尸还。

——清·龚自珍《己亥杂诗之一》

作者：杨宗文

◀作者：黄映华

罗传经（1927—2005年）

▲罗传经晚年生活照（该照片由罗小龙提供）

罗传经，高州市曹江镇人。生前是高州市曹江镇上南山村党支部的一名老党员。他1949年1月加入广州地下“学联”，同年10月参加中国人民解放军，在北京军区政治部战友话剧团舞美队服役。1950年10月参加志愿军。1954年12月在朝鲜战场加入中国共产党，抗美援朝战争结束后留朝帮助朝鲜人民重建家园，直至1958年才回国，继续在北京军区政治部战友话剧团舞美队工作。1960年，受“左倾”思潮影响，罗被遣送回乡务农，虽受到不公正待遇亦始终对党忠诚。他热爱家乡，热心公益事业，生活俭朴却始终坚持资助家乡困难群众，送钱给素不相识的病人看病，带头捐资搞好家乡的基础设施建设，深受群众好评。

2005年因病去世。高州市委追认罗传经同志为“高州市优秀共产党员”称号，是全国保持共产党员先进性教育的典型！

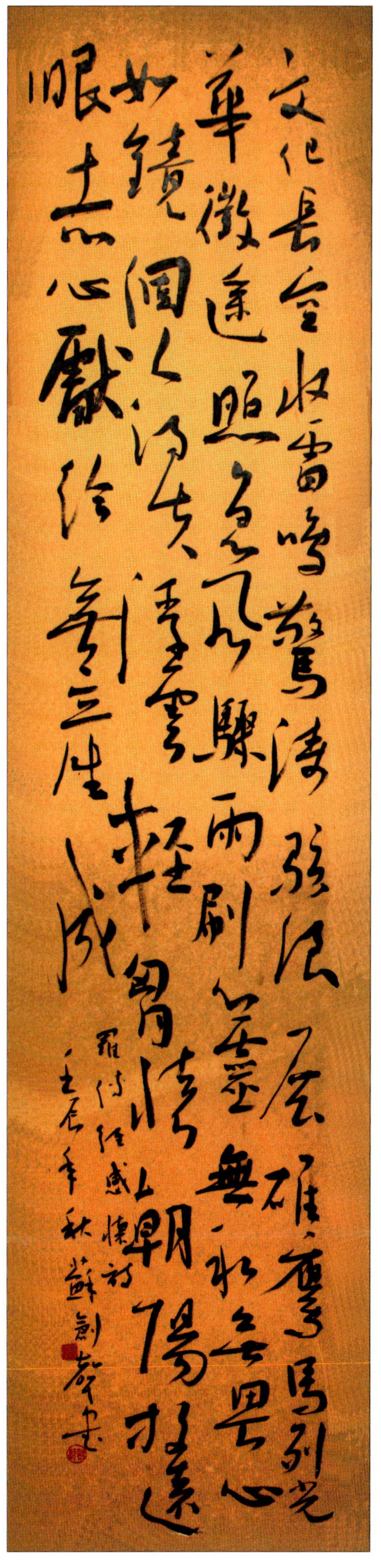

▶行书条幅

内容：文化长空收雷鸣，惊涛骇浪展雄鹰。
马列光华征途照，急风骤雨刷心灵。
无私无畏心如镜，个人得失浮云轻。
胸怀朝阳放远眼，赤心献给无产成。
——罗传经《感怀》

作者：苏创声

黄奕文（1961—2010年）

黄奕文，高州市古丁镇黄沙村人。1999年1月至2010年11月，担任村党支部书记、村委会主任。任职期间，实现了21条自然村全部通公路的目标；招商引资先后建成小水电站5座，总装机容量5300千瓦，安排就业劳动力130多人，村委会每年集体收入2万多元，村民年人均可获300元股份分红；带领村民种植反季节蔬菜和养殖鲶仔鱼，使村民收入大增。在他的带领下，黄沙面貌焕然一新。

在2010年“9·21”抗洪抢险救灾中，他始终坚守在第一线，后因劳累过度，心脏病发不幸去世。2011年3月被追授为“广东省优秀村党支部书记”。

春蚕到死丝方盡
蜡炬成灰泪始干
李商隐句 壬辰秋 立兵書

▶楷书条幅
内容：春蚕到死丝方尽，蜡炬成灰泪始干。
——唐·李商隐《无题》
作者：梁立兵

▼《黄奕文（右一）在黄沙大棚蔬菜基地研究生产》（照片来源于古丁政府网站）

清风故事

潘茂名传奇

潘茂名，西晋高凉人，世居根子浮山下。他一生济世救民，不求功名利禄，深受高凉民众拥戴、称颂。隋开皇十八年“以其名名县”以祀其功德，茂名县（市）名一直沿用至今。

▲《潘茂名传奇》 作者：何山

拜师学艺

潘茂名年轻时“欲瞻中国之盛”，永嘉年间，“束装起行，路由东北直上，经新都石室，见二道士对弈”，他便驻足观看，一道士对他说：“子亦识此乎？”潘答道：“入犹蛇窦，出似雁行。”道士笑着点了点头，对潘茂名说：“子顶骨贯于生门，命轮齐于日月，若能修炼，可以轻举。”潘茂名表示愿意求师学道。道士即时收其为徒，悉心教授服食之法。潘茂名便在后山隐居，专心学医修道20年，医技、炼丹技术有了很高的造诣。后一道士入后山石室找到潘茂名，劝导他不要固步自封。潘茂名听从劝导，“复兴云游之志”，于是辞别道士。到达建康时，打听到茅山道士张玄宾“善谈虚无，广怀道法”，便前往拜访，问其本末。张玄宾说：“夫无者太有之宅，小有之所以生焉。积小有以养小无，见大有以本大无。有有亦无焉，无无亦有焉。所以我目多不见物，物亦不见无。寄有以成无，寄无以得无。于是无则无宅也，太空亦宅无矣。我未生时，天下皆无无也。”后从师张玄宾一边学习玄学理论和无为思想，一边继续深造医学、丹道，为行医济世修成精湛的医技。

故事选自：《高州县志》、《高州古今名人录》及黎裕权编《高州民间故事集》（略有改动）。

悬壶济世

▲《悬壶济世》 作者：刘憨

潘茂名外出求学，学有所成。回到家乡后，在高州城开设了一间医学馆。一边授徒，一边行医。他医术高明，治病不分贫富，一律持医者父母心原则，以仁爱慈善之心救人，药到病除，甚得人心。他不收贫苦人家的诊金，还对贫苦民众施医赠药，只收取富户人家的报酬以作生活开支。他经常带着药箱四处走动，帮民众治病。他生活俭朴，淡泊名利，不喜爵禄，朝廷三召而不至。为人谦虚谨慎，虽已声名远播，但仍深感自己研医学问不足，常恐庸医误人，所以经常云游访问名医交流医术。

高凉地区地势较低，经常洪水泛滥，人畜受害。灾后瘟疫肆虐，黎民百姓惶恐不安。潘茂名在观山上潜心研丹，以身试药，止疫安民，挽救了无数百姓的生命。

求雨抗旱

▲《求雨抗旱》 作者：谭世雄 桃园画社

永和元年（公元345年），南越大地久旱不雨，河流断流，田地龟裂，农作物大面积枯死，百姓苦不堪言。潘茂名见此情景，想起他的师父张玄宾道士曾对他说过：“你家乡水多则无害，倘若遭遇大旱怎么对付？我通晓水理，可教你引水之法。你家乡有一处地方，群峰环翠，盛夏如秋，因此汉代取其地名为高凉。那里有一山泉出岩下，那就是龙湫岩。如遇天旱缺水，可到石窟去祈祷求雨，凿石穿崖，即可引水灌溉。”于是潘茂名便率领民众前往龙湫潭岩洞内求雨，凿穿石岩。不久，天上下起了大雨。于是潘茂名按照张道士教导的引水之法，使雨水在高凉地区下了三天三夜，彻底解除了旱情。

石船飞渡

东晋年间，高州城一带地势低洼，洪水时常为患，百姓苦不堪言。潘茂名不忍百姓受苦，决心建造一只坚固的石船，救黎民百姓于水火之中。潘茂名四处寻石，走遍了高山大岭，花了两年多功夫，造成了两叶雪白如银，光泽透明，如荷花瓣的石船，一曰母船，一曰子船。此外，他还凿成一根二丈多长的石船篙。传说石船虽重，但在水中却来去如风，载人多时它变大，载人少时它变小，无论载多少人或多重的东西，它都不会下沉。从此以后，每逢洪水泛滥，他便划着石船，挨家挨户将受淹乡民转移到安全的地方，拯救了无数高凉百姓。

▲《石船飞渡》 作者：黄宁

升平五年（公元361年）九月初九夜，一场暴风雨过后，潘茂名驾上母石船，登上观山之巅，见众人安然无恙，感到夙愿已偿，便升仙去了。高州城一带至今仍遗留着一批潘茂名的文物遗迹，如著园、思前井、玉泉井、子石船等，潘茂名积德行善和扶危济困的精神仍激励着高州人民。

▲草书横幅

内容：道是仙人冠世贤，浮山落地独家村。
求知悟得棋枰语，博览师承李耳言。
枕岭幽居勤采药，潘坡筑灶玉生烟。
祛除疠疫消灾劫，拒就官衔美誉传。
——苏汉材《潘茂名赞》

作者：梁立兵

冼夫人故事

少年贤明

南朝梁天监年间，冼夫人出生于高凉（今高州）俚族首领家。她自小聪颖贤良，攻书习武，正直公平，睦邻惩恶，远近闻名。冼夫人勇谋兼备，16岁当上渠帅，抚循部众，行军用师，威震八方，已展露出非凡的军事才能和政治锋芒。

▲《少年贤明》 作者：黄映华

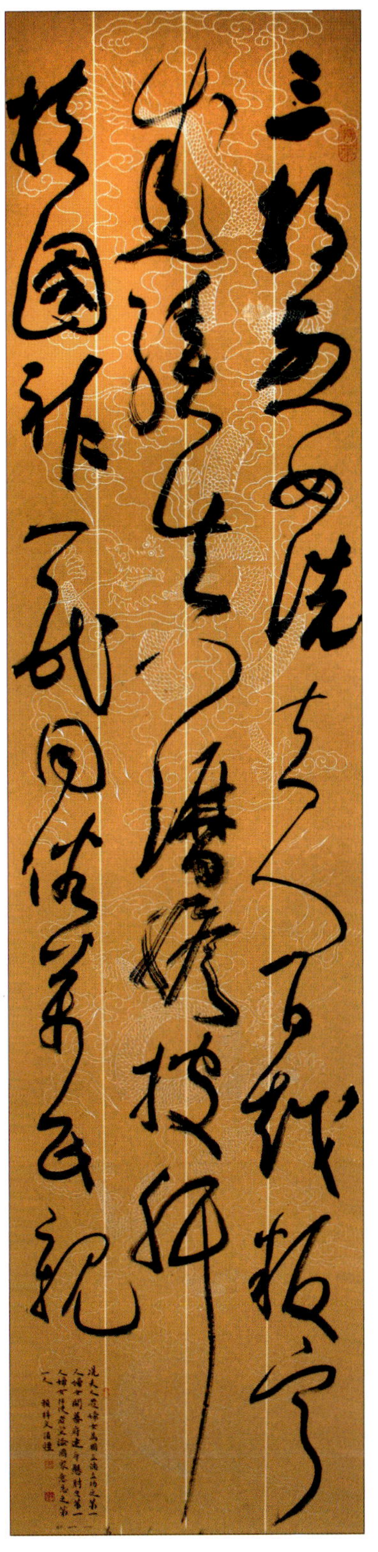

▶草书条幅

内容：三朝烈女冼夫人，
百越敉宁盛绩真。
沥胆披肝扶国祚，
一民同俗万民亲。
——苏汉材《冼夫人》

作者：赖梓文

故事选自：高州冼夫人文化园（略有改动）。

劝兄从善

岭南俚人各部落喜欢互相争斗攻击。冼夫人的哥哥冼挺，任南梁州刺史，他自恃富强，常常侵掠邻旁部落，令岭南各部落百姓深感不安。冼夫人体恤民苦，规劝哥哥改恶从善，终于平息了纷争，从此各郡和睦相处，友好往来。

▲《劝兄从善》 作者：林为舒

▲《和辑百越》 作者：吴思志

和辑百越

冼夫人从小聪敏，能行军用师；年轻时接任岭南俚族首领，有部落十余万家。她善于管理内部，以信义结于乡邻，海南儋耳千余洞也慕名归顺。各部落在冼夫人的统一调动下，保境安民，使岭南地区出现前所未有的安定局面。

秉公执法

冼夫人与高凉太守冯宝联姻后，积极参政，坚决执行朝廷政令，全面吸纳先进的汉族文化，大力改革俚人陋习，约束本宗，使从民礼，并与丈夫参决诉讼，首领有犯法者，虽是亲族，亦无所舍纵。从此，政令有序，治安井然。

▲《秉公执法》 作者：邹文虎

▲《智平分裂》 作者：黄映华

● 智平分裂

公元550年，高州刺史李迁仕暗中派主帅杜平虏率兵参加侯景叛乱，并召诱冯宝。冼夫人识破阴谋，巧设妙计，率精兵千余，诈装送礼，突袭高州。李迁仕大败，逃往宁都。冼夫人乘胜追击，挥师千里，终擒获逆贼李迁仕送斩。

▲《挥师平乱》 作者：黄映华

● 挥师平乱

公元551年，冼夫人挥师追伐李迁仕至赣石，与朝廷大将陈霸先会师。冼夫人卓有远见，认为陈霸先必定大有作为，便鼎力资助，给予他进一步的支持。在冼夫人的协助下，陈霸先与王僧辨会师收复建康，平定了侯景之乱。

忠贞护国

陈朝太建年间，广州刺史欧阳纥谋反，他挟持了冼夫人的独子冯仆（阳春太守），同时许以厚利，企图软硬兼施迫使冼夫人就范。冼夫人权衡了利害，决心以国家利益为重，忠贞报国，并冒着断子绝孙的危险，出兵平息了叛乱。

▲《忠贞护国》 作者：吴树龙

圣母保境

公元589年，陈被隋所灭。朝代更替，岭南无所归属，各种势力纷争，造成地方上的大混乱。冼夫人在她势力所及的地区，全力保境安民，维护地方稳定，得到周边数郡热烈拥护，共同推举冼夫人为领袖，尊称冼夫人为圣母。

▲《岭南圣母》 作者：吴思志

率众归隋

陈朝灭亡，隋朝兴起。冼夫人接到消息后，并不固守旧制，而是顺应历史潮流，率众归隋，维护统一。她召集数千首领宣布此消息并哭祭亡陈后，派孙子冯魂率兵护送隋朝来使韦洸到广州接管岭南，避免战乱，维护全国统一。

▶《率众归隋》 作者：邓柱

平叛安抚

番州首领王仲宣反隋，兵围广州。冼夫人派孙子冯暄率军平叛。冯暄与叛军首领陈佛智有旧交，迟留不前。夫人大怒，拿冯暄入狱，另派孙子冯盎出战，剿平陈佛智，击败王仲宣。冼夫人亲自巡视岭南，抚慰各郡，安定岭南。

▶《平叛安抚》 作者：吴思志

训导子孙

梁、陈、隋三朝赏赐冼夫人的各种物品，冼夫人妥善保管，从不动用。逢年过节，冼夫人将其陈列在大院，让后辈参观，并训导子孙说：“我事三代主，唯用一好心，今赐物俱在，此忠孝之报也，愿汝皆思念之！”

▶《训导子孙》 作者：何山

惩治赵讷

番州总管赵讷贪赃枉法，俚僚民众被迫逃亡他乡。冼夫人派长史张融到京城，列举赵讷罪状，并讨论安民之策。隋文帝接受建议，派人查实赵讷案情，按律处斩了赵讷。冼夫人又亲带诏书，巡视十多州，安抚各族，稳定岭南。

▶《惩治赵讷》 作者：林广基

冯盎大将军的传说

冯盎，古高凉良德人，冼夫人之孙。生于南朝天嘉七年（566年）正月初六，卒于唐贞观二十年（646年）阳江官府上。他一生功勋显赫，曾任宋康县令、高州刺史、汉阳太守、左骁卫大将军等职。他是继冼夫人之后，开创冯冼家族新局面、推动岭南经济社会发展的重要人物。

● 锋芒初显

隋开皇十年（590年）番禺首领王仲宣联合陈佛智起兵叛乱，围攻广州，岭南大地又将动荡不安。冼夫人命大孙子冯暄率军前往征讨。但陈佛智是冯暄的岳父，冯暄碍于情面，犹豫不前，导致战机延误。冼夫人得知后大怒，把冯暄关入大牢，改派小孙子冯盎出击。冯盎用“围魏救赵”之计，大败王仲宣，杀了陈佛智，解救了广州。隋文帝闻之，对冯盎十分赏识，封他为高州刺史。

仁寿二年（602年），潮、成等五州僚人造反。时冼夫人已故，冯盎亲自前往京师请旨讨伐。隋文帝为

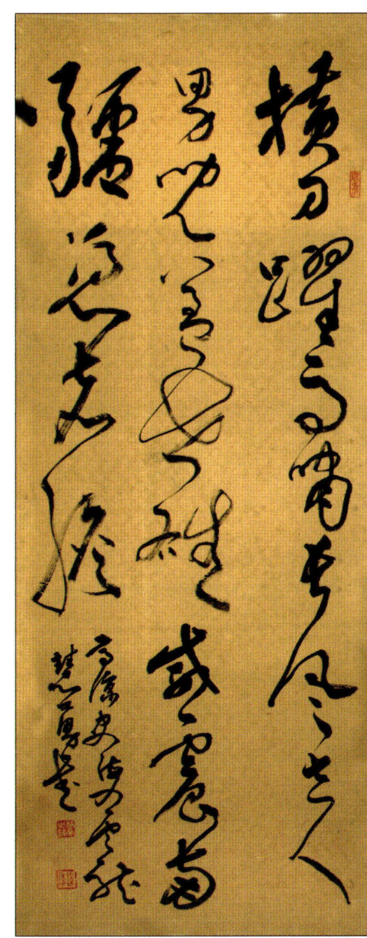

▲草书中堂

内容：横刀跃马啸长风，
七尺男儿盖世雄。
威震南疆凭赤胆，
高凉史海入云龙。
——摘自《涓埃集》中
“瞻仰冯盎将军墓”

作者：陈慧勇

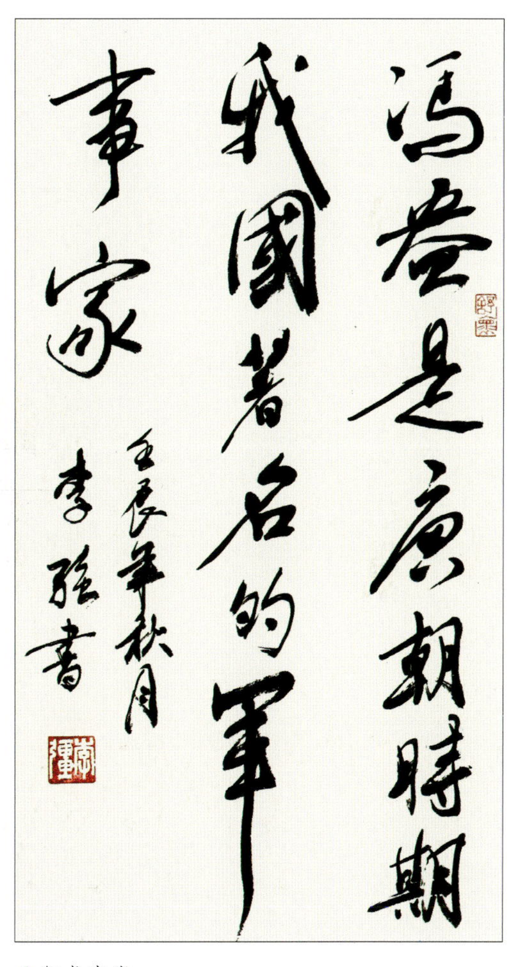

▲行书中堂

内容：冯盎是唐朝时期我国著名的军事家。

作者：李强 高州市人大常委会副主任

故事选自：黎裕权编《高州民间故事集》（略有改动）。

考察冯盎的军事才能，敕命左仆射杨素与冯盎讨论时势及剿除割据势力的策略。冯盎精辟地作了中肯的分析，详述自己独到的见解。杨素听后十分钦佩，惊叹道：真想不到中国南方边陲蛮夷之地，竟有如此天才！于是，隋文帝诏令冯盎领兵平叛。平乱之后，冯盎被授予金紫光禄大夫，任汉阳太守。大业七年（611年），冯盎跟随隋炀帝出征辽东。后升为左武卫大将军。十四年（618年），隋朝灭亡，冯盎和其儿子冯智戴返回岭南，部署各部酋长首领，聚结兵马五万多人，保疆防乱。

▲《威震朝野》 作者：吴思志

● 威震朝野

唐武德三年（620年），冯盎出兵平定广州、新州的高法澄、冼宝彻等叛乱后，岭南从番禺到苍梧以至朱崖等地，均归附冯盎统辖，冯盎自称总管。此时，有人劝说冯盎趁隋朝已分崩离析，唐朝立足未定，难以顾及之际，仿效赵佗自封南越王。冯盎不以为然，于武德四年（621年），率领南越各部落归顺唐朝。

武德五年（622年）七月，唐高祖李渊授冯盎为上柱国高州总管，封为吴国公，不久改封越国公，后又加封耿国公。拜其子冯智戴为春州刺史，冯智彧为东合州刺史。

贞观元年（627年），冯盎率兵加强对边境的镇守，有人诬告冯盎反叛。唐太宗诏右武卫将军蔺謩发江淮之兵准备对冯盎进行讨伐，但魏征力主安抚。唐太宗最终接纳了魏征的意见，诏冯盎派人到宫禀具情况。冯盎即派遣儿子冯智戴入宫禀具详情并愿为宫侍，使真相大白于天下。

贞观五年（631年）正月，冯盎上京朝见，太宗待他甚厚。不久，罗、窦诸僚又发生叛乱。太宗诏冯盎率部落兵马两万为先锋部队前往剿除，冯盎以迅雷不及掩耳之势大败数万叛军，使罗、窦两州重归平定。从此，冯盎威名大震，朝野相传。平乱后，太宗派冯盎之子智戴归省慰劳平叛将士，对冯盎的赏赐不可胜数。至此，冯盎辖地两千里，盎对此也“勤於簿领，诘摘奸状，甚得其情”，所辖之地秩序井然。

名垂千古

冯盎从任宋康令到寿终，他一生统领南越部落军队，却不拥兵自重。他始终以国家利益为先，维护国家统一，保卫一方安宁。他平王仲宣叛乱，讨五州僚人叛乱，平定广州、新州叛乱，败罗、窦诸僚叛乱，维护了南越社会的稳定，促进了地方经济社会的发展。他战功显赫，获朝廷御封赏赐无数。他不骄横跋扈，始终知足谦逊，所辖之地治理得井然有序，百姓安居乐业，深受高凉等地百姓的拥戴。

冯盎去世后，朝廷诏令高规格厚葬，墓葬在阳江北山（今阳江市花厅村）。因冯盎在兄弟中排行第三，大家亲切地称他为“冯三公”，故所建庙宇也叫“冯三公庙”，庙宇遍及高州、漠阳江等地。“冯三公庙”成了百姓祈祷幸福、驱邪化吉的圣地。每到正月初六他的诞辰，人们便把他的塑像从庙里抬出来，穿街过巷，接受万民顶礼膜拜。

►《名垂千古》
作者：谭世雄　桃园画社

杨冷渔的故事

杨冷渔，原名杨廷桂，自号“冷渔”，清代高州府茂名县曹江冷水塘村人。他自幼聪颖，文才出众，为人正直，曾为高明山长（山长为古时对书院讲学者的称谓），平生以教学为业，历主邑中近圣、高文两书院，培养了大批人才。世人称他为“岭隅先生”，民间流传着不少有关他的故事。

● 讽贪官

一天，邻村有个外地做官的人回家看望父母，听说杨冷渔才学过人，便邀请他过府赏花论文。两人正在门前游赏，突然有个乞丐到门口行乞，那官员不但不施舍，反而叫家丁用木棍驱赶乞丐。杨

▲《讽贪官》 作者：黄映华

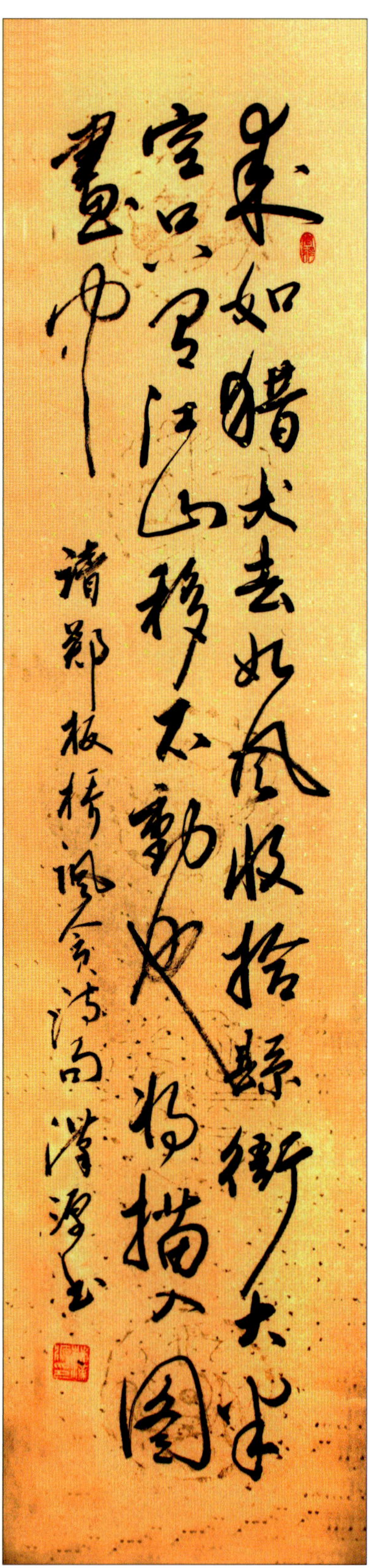

▲行书中堂

内容：来如猎犬去如风，收拾县衙大半空；
只有江山移不动，也将描入图画中。
——清·郑板桥《讽贪图》诗句

作者：林汉源 高州市纪委常委

故事选自：黎裕权编《高州民间故事集》（略有改动）。

冷渔见此情景，连忙上前阻止，并把身上仅有的十文铜钱送给乞丐，乞丐千恩万谢离去。杨冷渔对那官员说道："做乞丐的人没有什么奢望，一点点钱粮便可让他高兴离去，你不施舍则已，何必用木棍将他驱赶呢？"那官员说："这些乞丐最是可怜不得的。对了，我出个上联给你对吧，乞鬼穷，穷鬼乞，再乞再穷，再穷再乞。"

杨冷渔正在思考时，有个老人抱着一只老母鸡进来，对那官员说道："大老爷，小人家里确实没有别的东西了，就剩下这个老母鸡，本来还要它抱窝下蛋呢……"那官员听后，叫仆人把鸡收了。杨冷渔十分惊讶，想起初进屋时，见到这官员接二连三、厚颜无耻收取邻居送来的礼物。灵光一闪，于是说："我想出下联了，贪官富，富官贪，越贪越富，越富越贪。"

那官员听了，知道杨冷渔讽刺他贪得无厌，气得脸青唇白。本想让他尝点厉害，但想到他是名噪一时的才子，怕闹起来落人话柄，于是厚着脸说："对得贴切！真不愧是个才子。"

● 骂奸商

清朝茂名县城有一间药铺，铺主父子横行霸道，经常调戏良家妇女，卖药短斤缺两，以假充真，以劣代优，价格高昂，当地人恨之入骨，背后给他们起了个外号："抢钱大王"。有一年除夕，铺主听闻杨冷渔到这闲逛，便盛意邀请他题写店铺门联。杨冷渔问："你的药材都是正色的吗？"铺主说："都是正色的。"杨冷渔又问："都是天然生长的吗？"铺主说："都是天然生长的。"杨冷渔听后说道："凭这两条，贵店必定生意兴隆了。"于是给药铺题写了"仓金"作为对联横批，"正色附子当归穿山甲，天然草蔻木贼野牵牛"作为对联。铺主问"仓金"二字怎么解释，杨冷渔说："贵铺仓库满是金银的意思。"铺主满意地把对联贴了出去。

▲《骂奸商》 作者：黄映华

对联一贴出，立即围了一大堆人，人

人高声朗读："正色父子当龟穿山甲，天然草寇木贼野牵牛。"众人觉得这正是心里咒骂铺主父子的话，甚感痛快，只是不懂对联横批"仓金"的意思。就去问杨冷渔，杨冷渔说："你们看'仓'字那一撇像什么，'金'字那一捺和较长的一横像什么？"众人细心一看，"仓"字开头一撇写得像叉开五指的手，'金'字那一捺和较长的一横写得像一个"戈"字。杨冷渔不禁笑起来说："'仓'字开头一撇形似'手'就是一'抢'字，'金'字右边形似两个'戈'，就是一'钱'字，这样横批就是"抢钱"了"。众人恍然大悟，纷纷称赞撰写得太妙了。

● 警世诗

一天，杨冷渔正在书斋中给儿子讲解老子的名言："祸兮福所倚，福兮祸所伏。"突然有个人走了进来，大声说道："福就是福，祸就是祸，杨老兄怎么好坏不分呢？"

杨冷渔愕然，抬头一看，原来是早年结识的朋友柳凌，这时正春风满面，笑口吟吟地走来。"柳老兄，看来你有喜事呢！"杨冷渔说。

"你猜得对，我很快就要去当官了。"柳凌说。

"买的？"

"千几两银子，小意思。"

"还小意思？"

"俗话说：'小财不出则大财不入'，像杨老兄这样，一辈子也挨穷呢。"

杨冷渔不以为然地说："老子有言'知足者富'，君子固穷未必穷啊。"

柳凌冷笑一声，说："这不过是那些没能耐的书呆子的自我安慰罢了。"

"你……"杨冷渔气得发抖，说不出话来。

柳凌想不到激怒了杨冷渔，连忙转移话题

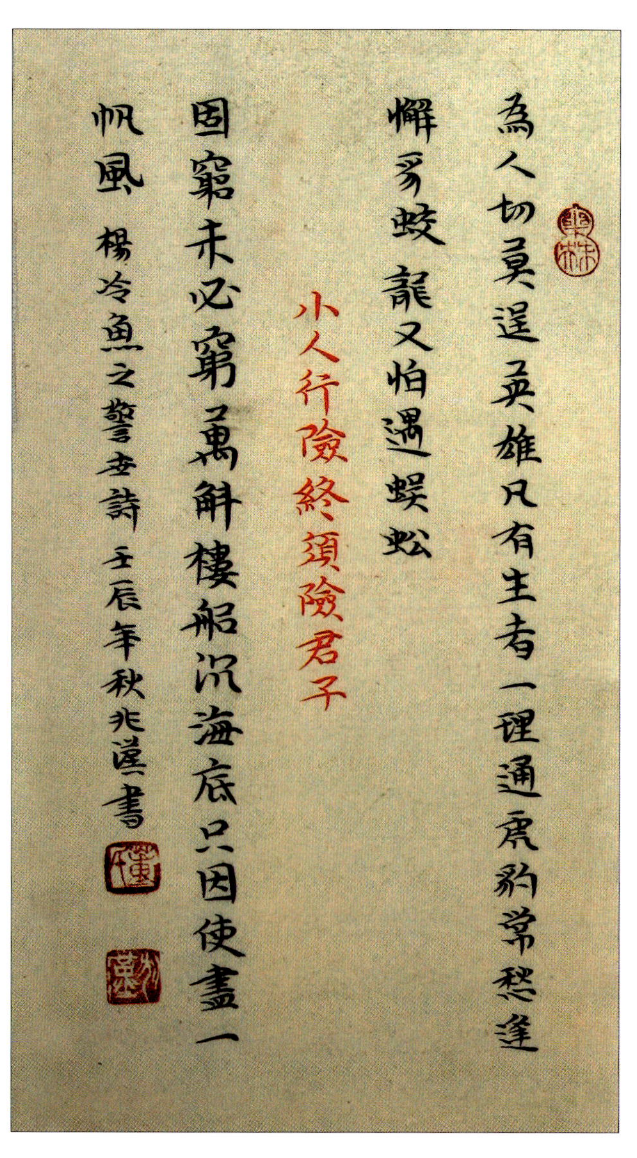

▶小楷中堂

内容：为人切莫逞英雄，凡有生者一理通。
虎豹常愁逢懈豸，蛟龙又怕遇蜈蚣。
小人行险终须险，君子固穷未必穷。
万斛楼船沉海底，只因使尽一帆风。
——清·杨冷渔《警世诗》

作者：董兆汉

说："杨兄莫怪！闲话莫提，言归正传。我在上任之前，特来邀请你到鉴江船上喝酒谈天呢。"

杨冷渔再三推辞，柳凌生气地说："难道这点面子也不给？"杨冷渔心想朋友辞别前一聚，不应再推辞，还应该找机会告诫柳凌，于是答应了。但他儿子却说："不行！爹！你要教我读书呢！"

▲《警世诗》 作者：吴建平 方志武 桃园画社

这时，柳凌从衣袋里摸出两件小玩具，一只虎和一条龙，对杨冷渔儿子说："差点忘记了，这是带来给你的小玩意，你先自己玩，我和你爹出去一下。"杨冷渔的儿子见两件玩具做得精致，高兴极了，问："虎和龙是不是最威猛的呢？"柳凌说："对呀，牛羊马兔见到它，都得拜跪呢。"接着又说："做人就要像龙像虎。"杨冷渔望着柳凌，用意颇深地说："有势不可恃，无势不可欺。一物还有一物治哩。虎豹虽然厉害，但是狮子可以使它丧命；龙蛇虽然凶恶，但是蜈蚣可以令其归阴。"柳凌听了，知道杨冷渔在警告他，微微一笑，并不将杨冷渔的话放在心上。

不久，两人坐船游到宝光塔下。见有人从宝光塔第七层门洞爬出外沿抓鸟窝。柳凌说："看！要抓到鸟窝就要大胆，如不大胆就无法抓到鸟窝。"杨冷渔听了，知道柳凌不服他的话，于是又意味深长地说："危险啊，一旦跌下来就粉身碎骨了！"他俩话不投机，结果不欢而散。

两年之后，杨冷渔到曹江高凉岭冼太庙游玩，意外地碰见柳凌。柳凌颓废不堪，掩面而过。杨冷渔非常诧异，询问之下才知道，柳凌因玩弄权术、贪污受贿，已被朝廷抄家，削职为民。

杨冷渔深有感触，向庙祝借来笔墨，在壁上写下了《警世诗》。诗曰：

为人切莫逞英雄，凡有生者一理通。

虎豹常愁逢獬豸，蛟龙又怕遇蜈蚣。

小人行险终须险，君子固穷未必穷。

万斛楼船沉海底，只因使尽一帆风。

游人纷纷传诵，留传至今。

孔镛诚信降贼

成化元年（1465年），孔镛任高州知府。当时境内的叛贼猖獗，朝廷多次征剿未果。孔镛上任不久，邻近的强盗忽然聚众准备侵犯田州城。众人都提议闭门守城，孔镛却力排众议，备马出城，围攻的强盗见一个当官的骑马出城，只带两个随从，非常惊讶，便上前拦住盘问，孔镛答道："我是新来的太守，要见你们的头领。"

强盗不知道孔镛的用意，只好把他带到头领面前。众强盗拔刀亮剑，怒视孔镛。头领问他是谁，孔镛从容不迫地说道："我是新来的太守，我知道你们本是良民，因饥寒所迫，才落草为寇。但前任官员不体谅你们，动不动就用军队来镇压，想把你们赶尽杀绝。你们为了活路，自然就要反抗。"众人纷纷称是，并历数前任官员的劣迹。孔镛微微一笑，接着说"我现在奉朝廷命令，来做你们的父母官，当为你们做主。如果你们真能听从我的话，我将宽恕你们的罪过。你们送我回府，我用粮食布匹周济你们，以后不要出来抢掠了。若不听我的奉劝，现在就可以把我杀了，不久朝廷便会兴师问罪，后果将不堪设想。"强盗们一听都觉得很有道理。头领说："如果你能接济我们，只要您在这里做太守，我们一定不再侵犯。""君子一言，驷马难追。"孔镛拍着胸脯说。

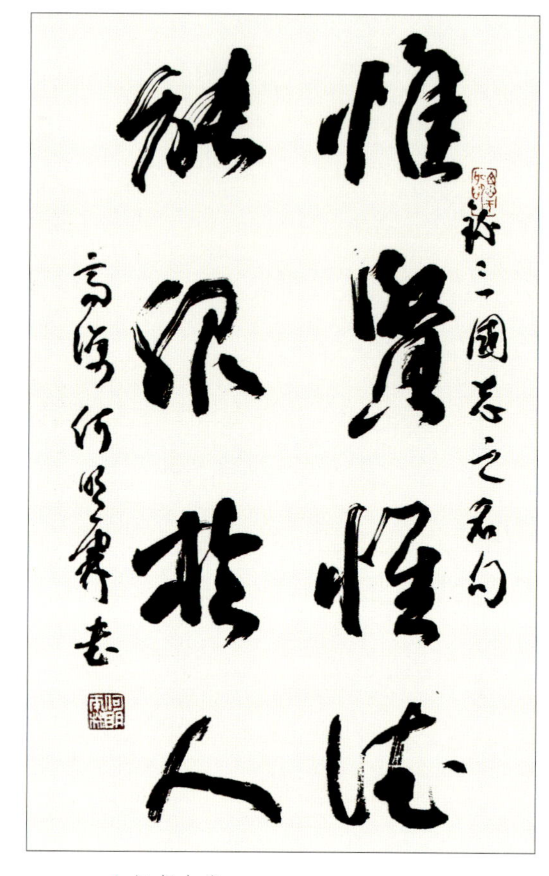

▲行书中堂

内容：惟贤惟德，能服于人。

——《三国志·蜀书·先主传》

作者：何明霖

强盗们再次拜谢，并设宴接待他。孔镛在寨中过了一夜，第二天便率领众强盗进城取了布匹、食粮等。头领十分感激他，觉得这位太守言而有信，大家都有了依靠，就烧了山寨，领着几千人来归顺官府了。自此以后，境内一片太平。

孔镛对待强盗，表现出的勇敢、善良和诚信，取得了强盗们的信任拥戴，他用自己的德行，不费一兵一卒就化解了境内的矛盾纷争，并顺利劝降了盗贼，做到惟贤惟德，能服于人。

故事选自：百度百科（略有改动）。

和睦桥村的由来

在高州泗水镇联和管理区有一条村叫做和睦桥村，相传这村原来叫张家村，村中间有一条小溪，把村子分成村头和村尾。村头有人建新屋，村尾人主动去帮忙；村尾有人遭灾，村头人主动伸出援助之手，彼此之间就像兄弟姐妹一般和睦团结。正因如此，村里的人极少受到外人欺侮。

一天，村头和村尾的小孩在溪里洗澡嬉戏。村头小虎和村尾小龙发生了矛盾，于是村头孩子帮着小虎，村尾孩子见了就帮着小龙，像楚汉两军似的打了起来。不一会儿，小虎爸如火和小龙爸阿水赶来了。他们都觉得自己孩子受到欺负，争执不休便拳来脚往，打得鼻青脸肿，直到有人来劝才停止。而双方都各持其理地向人们诉说。但村头人都帮如火，村尾人都帮阿水。从此，村头人和村尾人的裂痕越来越大，水火不容。不久，小溪就像楚河汉界一般，谁也不想踏进对方的地方半步，谁也不让对方过溪来。

外村有一个恶霸听说村头人和村尾人势同水火，便带人强占了村头人的一个果园，村头人敌不过恶霸，便去请村尾人帮忙，岂料村尾人却借故推却。正当村尾人

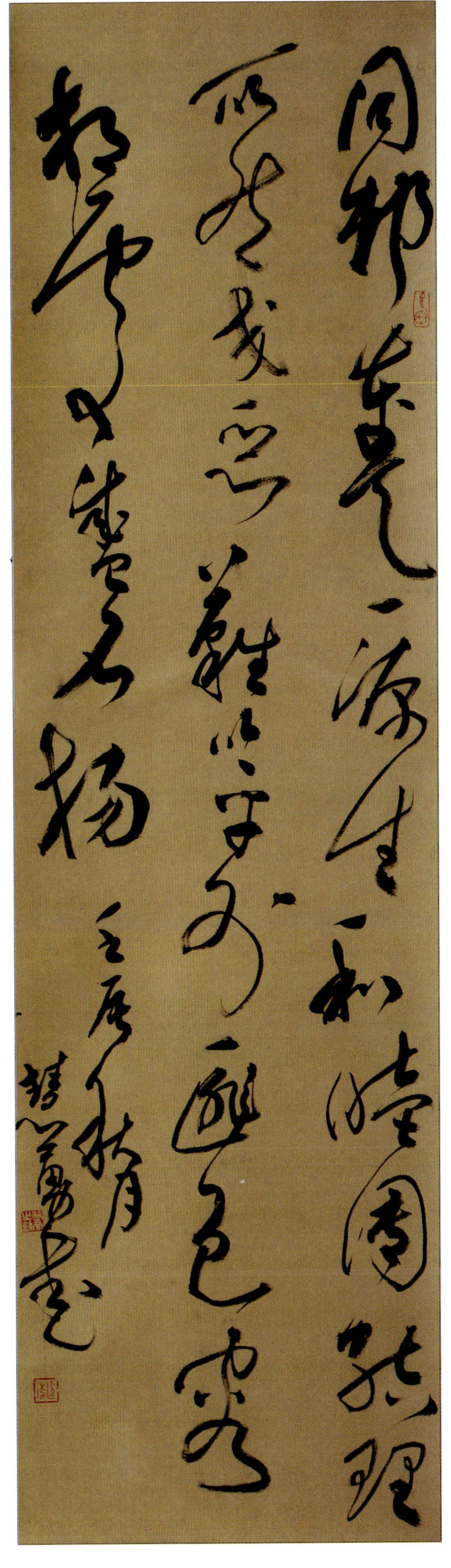

▶草书条幅

内容：同村本是一源生，和睦团结理所然。
交恶难以平外匪，包容相处盛名扬。
——歌谣

作者：陈慧勇

故事选自：黎裕权编《高州民间故事集》（略有改动）。

幸灾乐祸的时候，那恶霸带人来村尾牵牛拉猪。村尾人也奈何不了恶霸，想去请村头人帮忙，又难以启齿，一时无计可施。幸好这时，村头人不计前嫌赶来了，和村尾人一起，与恶霸一伙展开激烈的搏斗。恶霸头目看到张家村人声势浩大，便带着手下一伙人狼狈地逃走了。

从此，张家村人深感和睦团结的重要，为了表示对和睦团结的诚意及村民往来的便利，大家同心协力在溪上搭起一道桥，称为“和睦桥”。这座桥为村民生活生产提供了便利，见证了村民和睦团结的历史，于是村民把村名改为“和睦桥村”。时过境迁，那道桥虽早已不存在，但和睦团结已深入和睦桥村村民心中，代代相传。村中有歌谣告诫后人：同村本是一源生，和睦团结理所然。交恶难以平外匪，包容相处盛名扬。

▲《和睦桥》 作者：张建成　桃园画社

马牯坟和大仁庙

很久以前，在白堂岭旁，深镇河出口处有个小盆地，地势较为开阔，土地肥沃，且不旱不涝，宜种粮食作物。这里民风淳朴勤劳，人民过着自给自足的生活。但好景不长，一帮打家劫舍的流贼来了，他们与官府勾结，狼狈为奸，在白堂岭附近，昼伏夜出，奸淫掳掠，百姓苦不堪言。

村中有位胆大的小伙子夏秋东，廿六七岁，腰圆膀阔，浓眉大眼，铁骨铮铮，武艺高强。他曾带头反抗乡公加税逼捐，被乡亲们戏称为“夏大人”和“胆包天”。在夏秋东的组织带领下，村里成立了一支村民自卫队，村民还买了一匹高大的马牯作巡逻之用，村中治安较为安定。

流贼自恃人多势众，趁着夏母逝世，夏秋东守孝之机摸黑进村，奸淫掳掠，放火烧屋，一时哭喊声四起。村民惊醒，夏秋东非常愤怒，向慈母遗体连磕九个响头后，跨上马牯，挥起长剑，率领村民自卫队与流贼展开厮杀。

眼看就要把这帮凶狠的流贼击退消灭，这时山洞里冲出几个流贼，甩出飞镖，击伤马脚，打中

▲《马牯坟和大仁庙》 作者：吴建平　方志武　桃园画社

故事选自：黎裕权编《高州民间故事集》（略有改动）。

夏秋东，一时血流不止。夏秋东忍痛拔出飞镖，又跃马挥剑，连杀数贼。夏秋东的马牯非常有灵性，知道夏秋东已受重伤，因此不听从指挥，驮着主人往家直奔。流贼的残部紧追不舍。由于马牯腿已被击伤，又驮着夏秋东，跑得不快。眼见流贼要追上马牯。于是夏秋东下马，挥剑痛击流贼。但终因流血过多，倒地身亡。马牯一见，仰天长啸，跪在地上，不再起来。流贼正要杀马抢尸，忽然狂风大作，暴雨哗哗，山泥倾下，隆起一坟，把马牯和夏秋东掩埋。流贼们见状丧胆，无力还击，自卫队乘势把流贼余部消灭。村民们将夏秋东的尸体另觅地方安葬，并在马牯坟不远处建了一座庙宇供奉夏秋东，特称“大人庙”。

后来，因“人”和“仁”同音，“仁”字更能反映出夏秋东那种仁义精神，村民便把“大人庙”改为“大仁庙”了。久而久之，大仁庙远近闻名，原村名慢慢淡化，村民便将村名改成了“大仁庙”。如今大仁庙是平山镇的一个行政村。

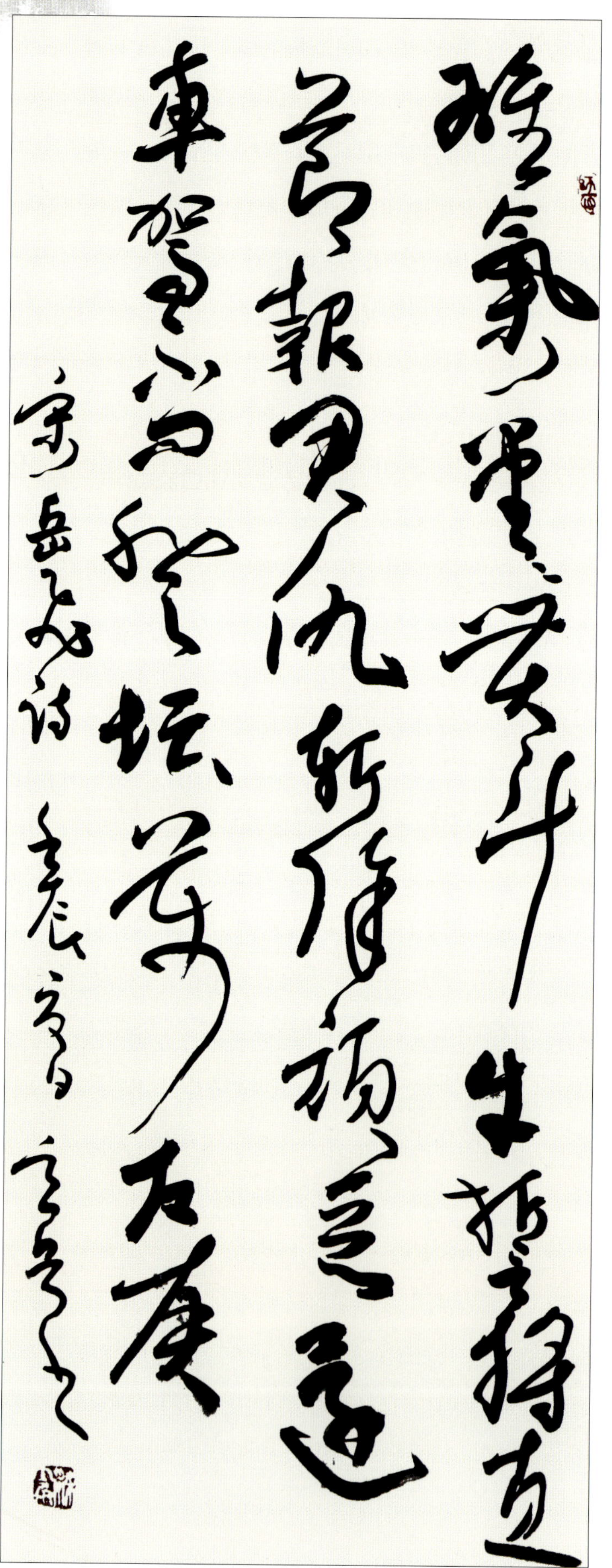

▶草书条幅

内容：雄气堂堂贯斗牛，誓将直节报君仇。
斩除顽恶还车驾，不问登坛万户侯。
——宋·岳飞《题青泥市寺壁》

作者：梁立兵

石门仙迹

石门仙迹位于高州市东北部马贵镇约3公里的朗练村边。这里青山如黛，怪石嶙峋，林木郁茂，溪水环流，风景殊佳。因其山上两块相对耸立的巨型花岗岩石与两旁古树相交，宛若两扇门，故名石门。这里流传着很多神奇的故事。

● 出米洞孔

出米洞孔位于石门侧，离地面约3米高的石壁上。洞孔呈圆形，孔内洞穴崎岖幽冥，神秘莫测。传说古时此洞孔很小，每天都会从孔口流出三四升白花花的大米，足够一家几口一日食用。有一年大旱，禾苗枯死，颗粒无收，村民只能上山采野菜、摘野果充饥。有一天，一村姑上山采野菜、摘野果时，无意中发现这个神奇的出米洞孔。后来，她每日都拿布袋到出米洞孔处取米。说来也奇怪，出米洞好像有灵性一样，知道大旱，村民无以为食，当村姑来取米的时候，都会多出白米。村姑仁慈善良，乐于助人，取米回家后，与野菜、野果煮粥，跟村民同享，共度荒年。后来此事被一个贪心的村民知道了，每天半夜，他偷偷来到出米洞孔壁下，用布袋装米，搬回家出售，发了横财。但他还不满足，觉得洞孔太小了，如果洞孔变大的话，他就可以取得更多的白米。于是他拿着工具和布袋来到出米洞孔处，用凿子凿洞孔，刚开始凿时，只见米哗啦啦地从洞口涌出。然而，当洞口越凿越大时，白米却越出越少，到最后一粒米都不出了。原来石洞孔内的谷仙对这个贪心村民的行径非常不满，一怒之下，再也不放白米于石洞孔内，并施法将这个贪心的村民变成一块石头。自此石洞孔再也没有白米流出来了，但石洞孔却留存至今。

▲《出米洞孔》 作者：张建成 桃园画社

故事选自：黎裕权编《高州民间故事集》（略有改动）。

浮碗石池

石门后半山腰处的刘三太庙右侧溪流中有个浮碗石池。相传古时石池会浮现瓷碗，是仙人为帮助村民办喜庆之事和解决过路行人洗脸、洗手、口渴掬饮的需要而设的。逢年过节、佛诞、神日、嫁娶等喜庆吉日，村民没有足够的碗招待客人时，便可以来到石池旁借碗。只要对着石池合掌闭目，高声口念："请借碗一个使用。"一会儿即可见石池中浮出一个瓷碗。要多借瓷碗，就要接着合掌闭目高声口念，瓷碗会继续浮出来。路人也可向石池借碗，但用完后必须如数归还。

后来，这个浮碗石池被一个贪心的人知道了，他一次向浮碗石池借了很多瓷碗，却有借不还。碗仙一怒之下，把那个贪心的人变成一个烂石碗，便云游他处。从此这个浮碗石池就再也没有浮现瓷碗了。石池尚存至今，村民用池水做饭菜，特别香甜。

留存至今的出米洞孔、浮碗石池，虽然没有了相传的神奇，但却告诫着我们：知足常乐，凡事莫贪。

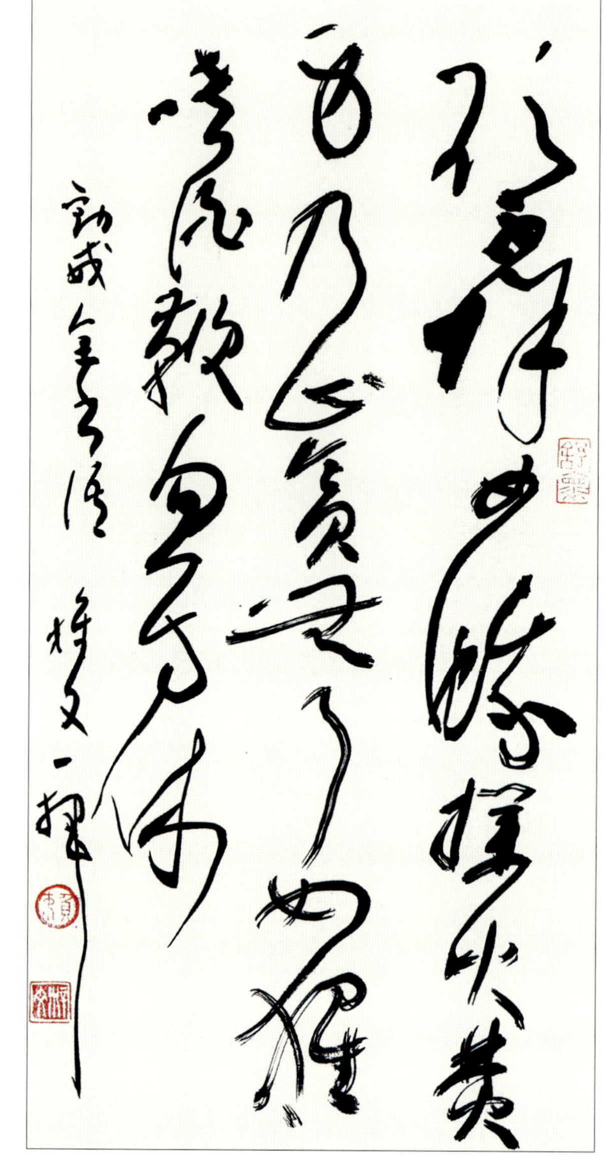

▲草书中堂

内容：欲不除，如蛾扑火，焚身乃止；
贪无了，如猩嗜酒，鞭血方休。
——《劝戒全书》

作者：赖梓文

◀《浮碗石池》 作者：张建成 桃园画社

奇联妙对

在高州民间流传着这样一个故事。

从前，有个狡诈贪婪的财主，年过半百，膝下只有一个儿子。他专门请了一位有名的先生教子读书。财主对先生说：“在我家任教三年，期满时赏给先生五百两银，三十担谷，请先生尽心教导。”从此先生夜以继日，苦心教导。

过了三年，财主的儿子学业大进，先生准备领酬返乡。谁知财主却起赖账之心，说：“先生是颇有名气的博学才士，今天我请教先生一个字。”

“什么字？请老爷赐教。”先生谦逊地说。

“井字中间加个石，是什么字？”

先生凝思片刻，回答财主：“该字小生从没有考究过。”财主咧嘴一笑：“先生连这么浅的字都不懂，真是有失尊名！这个就是井中落石‘凼’一声的‘凼’字。这个字都认不得，还能教好我的儿子？快滚回你的老家！”财主板起面孔不认账。

先生回到家中，气怒之下，挥笔写一上联“井中落石，凼声谷流去”，空着下联不写，贴在门口。

有一天，一位新任知县路过先生门前，见到这古怪的上联，心想：“这单联字里行间不知何意，其中定有隐情。”于是微服私访。不仅了解到此联的来由，还查访到此财主平日欺压百姓，横行霸道，百姓对其深恶痛绝。

两天之后，知县叫衙役把财主和先生二人传来。财主一见知县

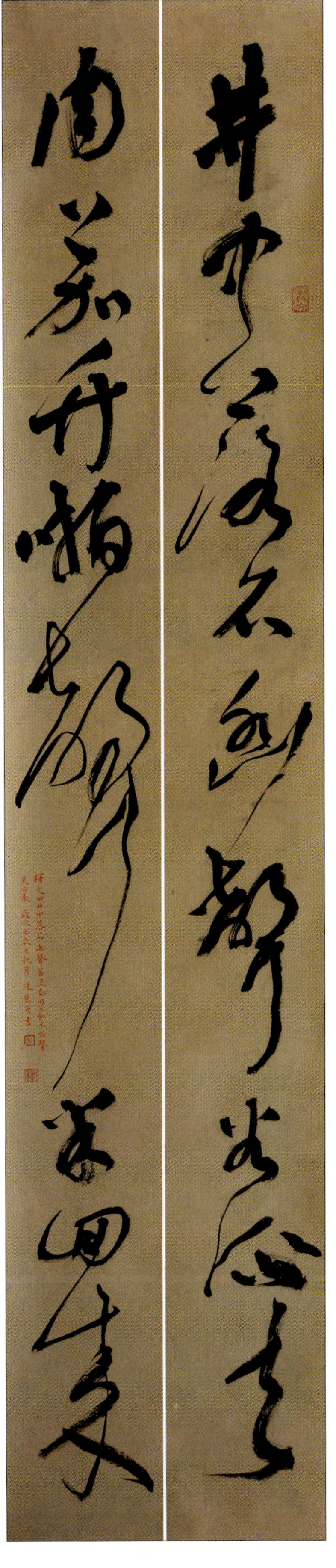

▶草书对联

内容：井中落石，凼声谷流去，肉上加竹，啪声米回来。

——对联

作者：陈慧勇

故事选自：黎裕权编《高州民间故事集》(略有改动)。

就忙磕头禀道："大人，不知传小人到此有何贵干？"知县怒目道："你明知故问，今天当着众人的面，问你一个字。"

"什么字？"

"肉上加竹是什么字？"

财主摇头说道："大人，小人确实不认得这个字。"

"不认得，就领教！领教！"说完，知县叫衙役拿杖来，对着财主的屁股打了三十大板。"认得吗？这就是，肉上加竹'啪'声的'啪'字。"知县说。财主痛得面色铁青。这时，先生已来到中堂，财主吓得浑身颤抖，忙磕头哀求。接着，知县把惊堂木一拍："大胆刁民，过去贿赂府官，欺压百姓，横行霸道，克扣人家血汗钱，现在认打、认罚任由决断。"财主连连求饶："认罚认罚……"

财主只好乖乖交来五百两银，三十担谷。先生喜出望外，急忙摆好笔墨纸砚，挥手写上下联"肉上加竹，啪声米回来"，成了完整的对联，贴在门上。从此，新任知县明察秋毫、公正廉明，有口皆碑。这副奇联也传诵至今。

◀《奇联妙对》
作者：吴建平
方志武
桃园画社

知县怒罚奸商

话说在清朝乾隆年间，高州府茂名县，有一个七品县令，名叫严耿，是一位廉明公正的清官。他经常微服私访，体察百姓疾苦。一天，他经过一家茶馆，叫了一壶清茶，正在品尝，忽然听见茶馆对面盐店传来争吵声。严知县隔窗望去，看见一个买盐的老农和盐商在争吵着。

“你称的盐，就是不够秤！”

“你真是眼瞎！这秤杆不是抬起来了吗？”

坐在严知县桌旁的茶客们都愤愤不平，议论纷纷。

“这缺德盐商，卖盐总是短斤缺两！”

“奸商通官府，哪个惹得起！”

严知县把这些话暗记心中，付了茶钱，起身走了。他走街串巷，直到入夜后，经过一间磨棚，突然听到里面传出怨恨的话语。严知县停住脚步，悄悄站到窗下，侧耳细听起来。

磨棚里说话的是一对六十开外、无儿无女的老夫妻。他俩正在推磨。听见老汉气愤地说：“大家都说这任县太爷是个清官，我就是不相信。”老婆婆接口说：“是啊！我们做了一辈子豆腐，推了一辈子磨，老是过着穷日子。千里做官只为财，哪个关心民间疾苦？”“哎呀！小声点，当心隔墙有耳。被人听了告发，咱俩可就活到头了……”严知县一听，哑然一笑，转身回衙去了。

第二天，老夫妻正忙着，突然，闯进来两个衙役，不由分说，将两人押送到县衙大堂上。

“啪”的一声，严知县一拍惊堂木，竖眉横眼，大喝一声：“大胆刁民，竟敢亵渎官府，还不从速招来！”

老夫妻见这场面，吓得战战兢兢，不知所措。过了一会儿，老汉定了定神回答：“回禀大老爷，不知小人身犯何罪？”“你们昨天夜里

越奸越巧越贫穷 奸巧原来天不容 富贵若从奸巧出 世间呆汉吸西风

录自感应篇汇编 时在壬辰仲夏 邱非拉书于高凉古郡

▲行书条幅

内容：越奸越巧越贫穷，
奸巧原来天不容。
富贵若从奸巧出，
世间呆汉吸西风。
——摘自《感应篇汇编》

作者：邱非拉

故事选自：黎裕权编《高州民间故事集》(略有改动)。

推磨时辱骂本县，还想抵赖！”

老夫妻俩一听，无言以对，只好磕头求饶：“这是我老夫妻两人戏言，万望大老爷恕罪！”

严知县问：“认打还是认罚？打要打死，罚就罚一斤盐。”

老夫妻思忖，穷虽穷，买一斤盐还买得起。

于是老夫妻俩便到盐店买来一斤盐呈上去。严知县用衙内公秤称过，见差三两，便又喝道：“为何不足一斤，欺骗本县？”

“小民从盐店买来，原封不动。”

▲《知县怒罚奸商》 作者：黎淦江　桃园画社

严知县下令传唤盐商。一会儿，衙役将盐商和称盐的盘秤带上堂来。严知县拍案喝问：“大胆奸商，卖盐短斤缺两，欺骗百姓，还不招供！”

“回禀老爷，小人行商，买卖公平，童叟无欺，何曾欺骗百姓？”

严知县拿出老汉买来的盐，用盐商的秤称了一称，果然整整一斤。盐商脸上显出得意神色，说：“此秤乃县衙监制，标有印记，已传用三代了。”

严知县仔细端详此秤，制作精致，上面果然标有县衙印记。再看看此秤盘底，原来多镀了一层锡。证据确凿，严知县拍案大喝：“大胆奸商，竟敢弄虚作假，欺骗百姓，又在本县面前强词狡赖，该当何罪？”

盐商见露出马脚，连连磕头求饶：“小人知罪！小人知罪！下次再也不敢了！”

“认打还是认罚？”

盐商贪财如命，宁愿受皮肉之苦，也舍不得罚银，因此他说：“认打。”只听见严知县大喝一声：“拉下堂去，打死喂狗！”

盐商一听，吓得屁滚尿流，急忙哀求道：“县老爷别打，我认罚……”

“认罚，罚你五百两大银。以后再弄虚作假，欺骗百姓，就等着罚银封铺吧！”

盐商只好交来五百两大银。严知县恭敬地将五百两大银奖赏给老夫妻，乐得老夫妻俩合不拢嘴。严知县公正无私，为民做主，深受百姓爱戴。

白鉴村的由来

在高州水库（长坡水库）溢洪道口的出水处，沿着原石骨河向南约一公里远的银窜滩附近，有一座村庄叫“白鉴村”，这个村名的由来，是有那么一段典故的。

相传，明朝初年，高州官府上报朝廷：在石骨辖区内的银窜滩附近，地下储藏着大量的白银矿。朝廷委派一名白姓太监，到这里负责开采。白太监自受朝廷派遣到此地炼矿后，高度负责，认真组织人员开采冶炼。他十分关心矿工，让矿工都能安心工作。同时，他也非常关心当地民众的生活，常常深入石骨集镇、农村，体察民情，帮助民众解决生产和生活上的许多问题。他在当地崇文兴教，办起了几间私塾，鼓励民众积极送子女入读。白太监还传授先进的农业技术给农民，农业年年丰收，民众的生活有所改善。白太监到这里开采冶炼三年之久，动用了大批人力物力，结果却无法炼出白银。白太监觉得辜负了朝廷厚望，便自缢身亡。（中华人民共和国成立后，经广东省人民政府派员测定核实，这矿并不是白银矿，而是磺矿。）

民众对白太监的以身殉职，甚感遗憾，经众人商议，集资在银窜滩附近建一座“白监庙”，以纪念白太监。民众在庙前大门两边刻上一副楹联，联曰：“白水盟心人信实，鉴江智目神英灵。”再从庙正门直入，在神台架两边的两根柱子上也刻上副楹联，联曰：“白石磷磷如玉

▶行书条幅

内容：白水盟心人信实，
鉴江智目神英灵。
白石磷磷如玉积，
鉴江浩浩似恩深。
——白鉴庙对联

作者：苏创声

故事选自：黎裕权编《高州民间故事集》（略有改动）。

积，鉴江浩浩似恩深。”为了纪念白太监爱民益民，造福于民，当地民众把他常住三年的村庄改名为“白监村”，使白太监能够千古流芳！

后因太监的“监”字与“鉴”字是同音字，又因“白监庙”门前有条鉴江萦带而过；加上白太监是奉朝廷之命来开采白银矿山，而“银”字偏旁是“金”字，用这个“鉴”字，是带有让乡民享有富贵财旺吉祥之意，村民便将“白监村”改为“白鉴村”，“白监庙”改成“白鉴庙”。

▲《白鉴村的由来》 作者：黎淦江　桃园画社

财神的奖罚

传说清朝初年，两个外省人被委派到高州府其下两个县任知县。一个叫常俭，进士出身，很有才学；另一个叫钱敛，举人出身，用金银行贿朝廷命官，也获县令之职。二人来到粤北南雄珠玑巷，住在同一驿馆里，因领旨时相识，任职的县又相邻，便置酒相叙。常俭带新婚妻子上任，说朝廷规定百里为官，到任即如到家，为官一任，当造福一方，愿躬身为民办事。钱敛一人赴任，说朝廷异地官员经常轮换，任满四年自当请调别县，何需带家小……第二天早上，两人都到驿馆附近珠玑仙山游玩，拜了珠玑神，祈求此行平安达愿。当夜，两人都梦见一个穿着红衣的矮胖人说道："我是珠玑庙的守财神，谢你千里来拜！如今酬答万金，到你离任归来，再拜会时便告知万金在何处。"两人梦醒时都记得清清楚楚。

钱敛到任后，贪赃枉法，明敲暗诈，收受贿钱，得金银数万两，纵情酒色，挥霍无度。想到回路上有守财神答酬的万金，更是挥金如土。有人将其告到朝廷，经查实，朝廷将其革职查办。归家路上，钱敛拜过珠玑庙神并问酬金。夜里守财神对他说："你不是把钱花光了吗？那敲诈淫乐的钱早已超过万金数倍了！"他狼狈回到家中，老婆以为他会带回大量钱财，也把家中积蓄挥霍一空，见钱敛身无分文归来，就离他而去。

▲草书条幅

内容：一官来此几经春，不愧苍天不负民。
神道有灵应识我，去时还似到时贫。
——明·胡守安《任满偈城隍》

作者：陈慧勇

故事选自：黎裕权编《高州民间故事集》(略有改动)。

钱敛再没钱买官，不久贫忧而病逝。

再说常俭到任，不贪不贿，秉公执法，惩恶扬善，兴修水利，助寡惠老，甚得民心，受到当地人民敬仰，民众齐盼其能继续留任。他任满归家，万人相送。临走前，常俭将积蓄赠予老残者，回乡路上轻车简从，经过珠玑庙时，率亲人参拜，说神若显灵，便将许诺的万金赐给所任县中的孤寡老残。当夜，红衣守财神对他说："你已得到万金了，那万金就是万人之心。这是金钱买不到的奖赏。"不久，常俭被任命为知府。

万金难买民心，清廉自得人心，勤政自得美名。

▲《财神的奖罚》 作者：谭世雄　桃园画社

十子齐全父挨饿

高州民间常相传这样的故事，古时高凉一对刘姓夫妇有九个儿子，后来听人说若有十个儿子，则会十全十美。于是这对认为多子多福的刘姓夫妇认养了一个儿子。老夫妇俩含辛茹苦将十个儿子抚养成人。儿子们长大后，老夫妇又给他们娶媳妇，资助他们建好房子，每个儿子都拥有了自己的家庭。

老夫妇有些积蓄，平时亲朋到来送些钱物，都节省着不肯花，想留给儿子们。两老平时习惯吃稀饭，不想麻烦儿子，便在自家做饭吃。

儿子分家后，一开始还常到父母家看望，后来看到老两口生活得不错，便渐渐少登门了。他们都这样认为：其他兄弟会去看望父母的，自

▲《十子齐全父挨饿》 作者：吴建平　桃园画社

故事选自：黎裕权编《高州民间故事集》（略有改动）。

己不去也无所谓。于是渐渐没有儿子去看望老父母了。

过年本应是儿子接老人到家宴聚的日子。这年除夕，老两口不做饭，满心欢喜地等着儿子们来接去宴聚。可是等到天黑，家家酒肉菜香，却没一个儿子到来。老人也有尊严，儿子不叫怎能闯去儿子家找饭吃呢？于是便准备做饭。这时那个认养的儿子登门问候了，对父母说："这么迟才来接你们过去吃团年饭，实属不孝。"原来这个认养的儿子是从事屠宰工作的，起早摸晚，现在才打烊归家。

老人万分感慨：都说多子多福，现在看来亦未必。我俩能吃儿子多少饭啊，能登门叫我俩一声心也甜，肚也饱。乡亲们知道了这事，便将这故事编成四句歌谣来唱：

前辈辛苦子孙享，
需知亲情江河长。
不要当父忘爹娘，
老人需要精神养。

▶魏碑对联
内容：九龙运水天大旱，
十子齐全父抵饥。
——谚语
作者：梁立兵

清风名胜古迹

冼太庙

冼夫人维护国家统一，平息社会动乱，保持岭南稳定，促进民族团结，推动社会进步的丰功伟绩，永远激励着后人。为纪念冼夫人修建的冼太庙遍及茂名、雷州半岛、海南岛乃至东南亚国家，仅高州境内就有300多座。

旧城冼太庙、高凉岭冼太庙、高州冼太庙是冼庙系列建筑中的典型代表，具有极高的历史和科研价值。旧城冼太庙位于广东高州市长坡镇旧城村，为隋朝仁寿二年（602年）冼夫人逝世时，其孙冯盎为纪念冼夫人而建，是纪念冼夫人的最早的庙宇。长坡镇等地流传着“王羊山势对高凉，两地皆是冼氏乡。”的古老诗句。为纪念冼夫人在高村王羊山上练功，清嘉庆年间修建了王羊山冼太庙；高凉岭冼太庙始建于唐初，是后人为纪念冼夫人长期屯兵驻守高凉山，保境安民的爱国主义精神而修建的。庙内保存有多件文物，宋代著名诗人苏东坡当年途经高州并瞻仰高凉岭冼太庙时题诗：《题高凉冼庙诗》；高州冼太庙是高州地区规模最大的冼太庙。明嘉靖十四年（1535年）始建，嘉靖四十三年和清同治年间先后重修。2000年2月，江泽民同志视察高州冼太庙时，盛赞冼夫人维护国家统一、增强民族团结的精神，称她为“我辈及后人永远学习的楷模”。同年，费孝通同志参观高州冼太庙，并亲笔题词“巾帼英风”。近年多次修葺扩建，现扩建了冼太庙广场、碑廊、照壁及冼夫人文化园。高州冼太庙成为人们瞻仰、缅怀冼夫人的重要场所，亦是弘扬冼夫人精神的广东省爱国主义教育基地和茂名市、高州市廉政文化教育基地，是广东省省级文物保护单位。

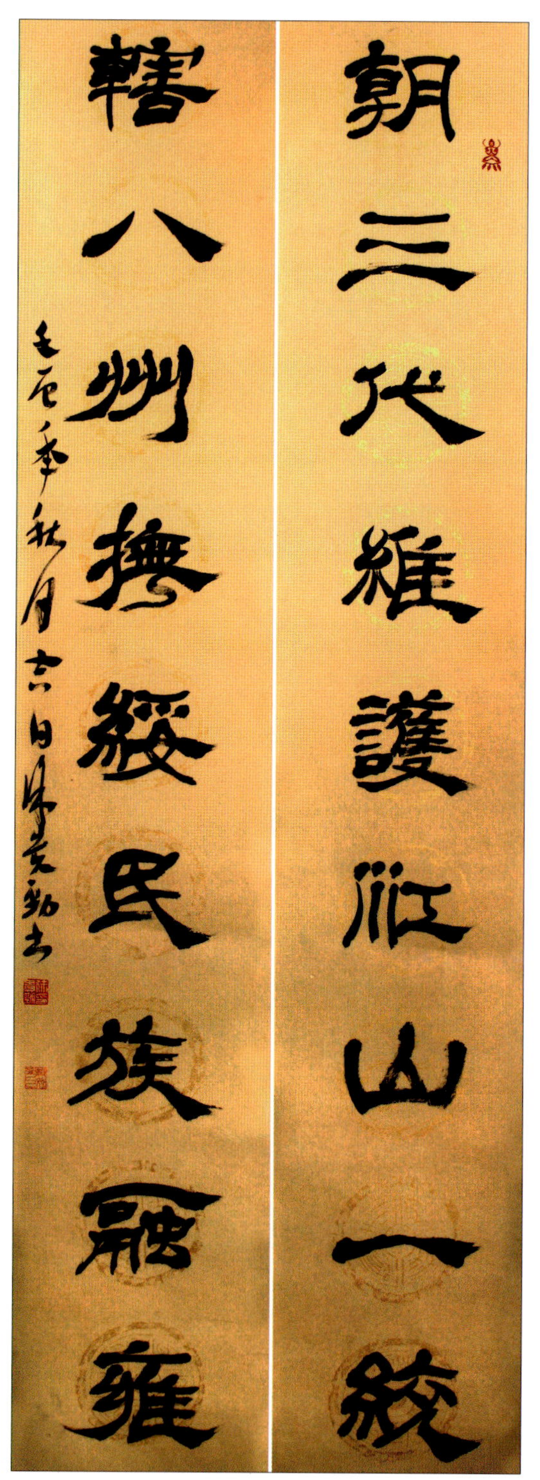

▲隶书对联

内容：朝三代维护江山一统，
辖八州抚绥民族融雍。
——莫仑《高州冼太庙对联》

作者：徐贵劲

▲《高州冼太庙》 许金福 摄

▼《平云山冼太庙庙会》 张景明 摄

观山

观山，位于高州城西侧，鉴江西畔，海拔65.7米，面积约5万平方米，与高凉古城、三塔和谐融为一体，营造了优良的自然环境。相传西晋永嘉年间，岭南道教先驱潘茂名在此山掘井汲泉供丹灶，后于此升仙，故原称仙山，又名长真岗。因“登仙山可远眺群岫，俯瞰鉴江，观高城全景，视西岸果窳之属，谓高郡之大观尽收于此，后遂称观山。”

明万历年间，知府张邦伊在此修建了观山寺，面临鉴江，设佛殿、僧舍，寺门竖潘仙道像，以纪念潘茂名，祈福高凉。此后历代皆有修葺，游人不绝。民国21年（1932年）曾修建中山公园，为人们提供休闲活动场所。1964年在此修建了县委招待所。2000年春，中共中央总书记江泽民视察高州市时曾下榻于此。

观山，也是历代高凉文人墨客登高觞咏胜地，诗词墨法尽抒情怀，崇文之风薪火相传，是为高州名山。

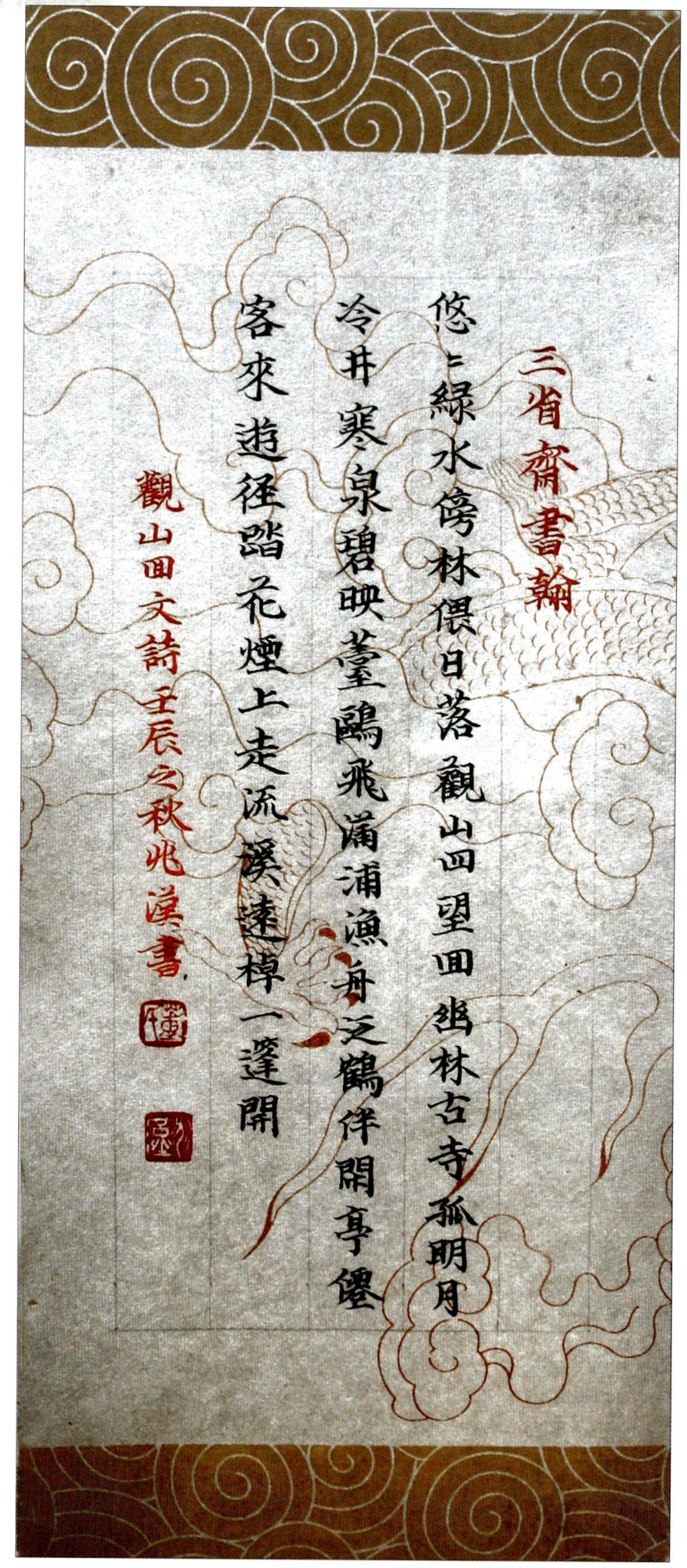

▲小楷中堂

内容：悠悠绿水傍林偎，日落观山四望回。幽林古寺孤明月，冷井寒泉碧映苔。鸥飞满浦渔舟泛，鹤伴闲亭仙客来。游径踏花烟上走，流溪远棹一篷开。

——清·陈天锡《观山回文诗》

作者：董兆汉

▲《观山全景图》 张景旺 摄

尚义名区

清嘉庆年间，在高州城南门外，有一座叫“尚义名区”的牌坊。该牌坊是为纪念时任茂名知县胡国纲而建。

胡国纲，福建人，清嘉庆二年（1797年）八月任茂名知县。据史载，胡公“政严明，奸民敛迹，籍命欺噬者每在验所断结，被控之家不待辩质，民安其业，颂声四起”。胡公离任时，囊空如洗，缺少路费，眷属滞留，无法回家。乡亲们仰慕其清廉，纷纷捐钱捐米给其作路费，胡公只取足路费，多余的则一概谢收。临别时，乡亲们“攀辕扶辙，夹道相送”。胡公感慨万千，即撰联题额，以谢乡亲。横额为：“尚义名区”，联为：“愧我难登循吏传，此邦真有古人风。”为纪念胡公，乡亲们将募捐给胡公的余款，于城南门外建一座牌坊，并将胡公所题匾联书于牌坊上，以留传后世。此牌坊直至20世纪60年代因扩建街道而拆掉。

为崇尚仁义，弘扬胡国纲为政清廉的精神，高州人民在瀛洲公园重建“尚义名区”牌坊（正在重建中），将其打造成高州市的廉政文化教育基地。

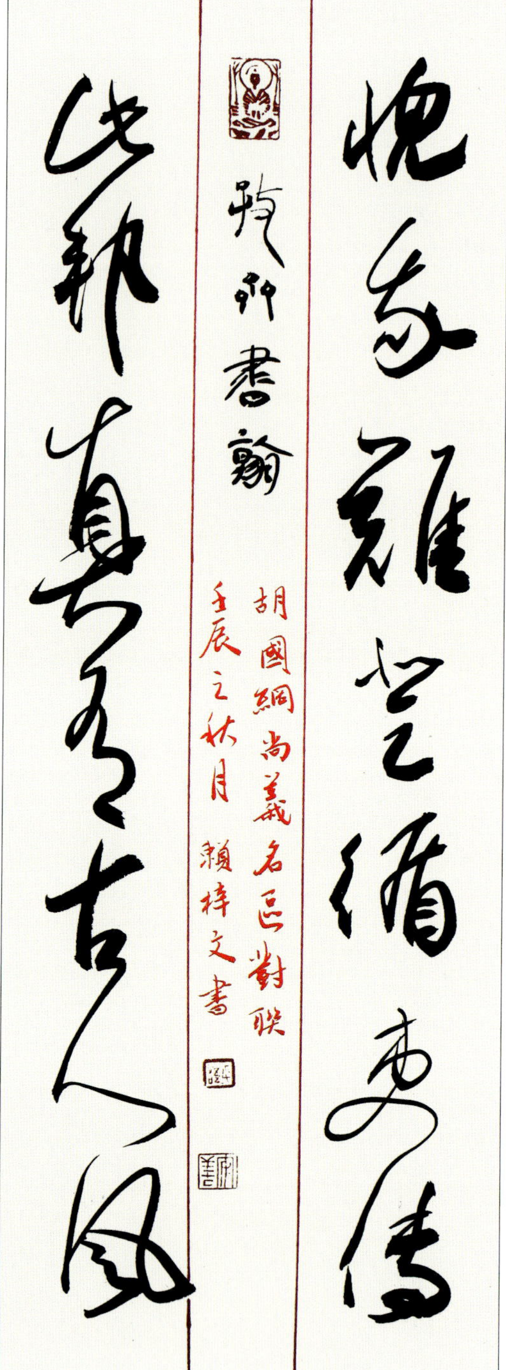

▲行书对联

内容：愧我难登循吏传，
此邦真有古人风。
——胡国纲

作者：赖梓文

◀《尚义名区重建效果图》

南皋学舍

南皋学舍位于高州城后街，原是一座建于清代时期的古建筑，为州府学宫生员所居。民主革命时期广东省农民协会南路办事处设立于此。

1926年秋，中共广东区委派往广东南路的首任特派员黄学增到高州组织和领导广东南路地区的农民革命运动，其领导机关便设在南皋学舍。与此同时，中共茂名县（今高州市）支部也设在南皋学舍。在支部负责人朱也赤的领导下，组建和发展中共高州党组织，推动了广东南路地区农民革命运动蓬勃发展。

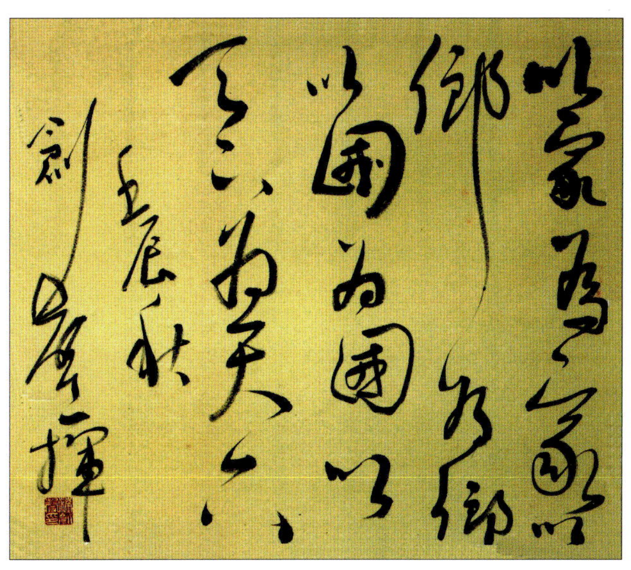

▲行草斗方

内容：以家为家，以乡为乡，以国为国，以天下为天下。

——《管子·牧民》

作者：苏创声

南皋学舍是高州人兴教的载体，更是革命火种传播的地方，南皋学舍现是爱国主义教育基地、广东省省级文物保护单位。

▼《南皋学舍》 潘金平 提供

中山纪念堂

中山纪念堂位于高州市中山路市委大院内。1934年，为纪念中国民主革命先行者孙中山而建。中山纪念堂由法国工程师设计，由前、中、后三部分组成。前楼为三层，中楼和后楼为两层。长39米，宽18.6米，占地面积725.4平方米。中山纪念堂采用中西结合的建筑风格，将中国民族传统与西式造型有机地融合在一起，构成一个独具风格的纪念建筑物。中山纪念堂是广东省省级文物保护单位。

2000年春，中共中央总书记、国家主席、中央军委主席江泽民同志视察高州时和中央、省、市有关领导在中山纪念堂举行座谈会。

▲《孙中山纪念堂》 卢联生　摄

▲现代书法

内容：天下为公

——孙中山

作者：赖梓文

海珊堂

海珊堂位于广东石油化工学院高州师范校园内，是国民党高级将领梁华盛为纪念其父——中国同盟会会员梁海珊而建。

▲《海珊堂》 高凉清风编写组 摄

1941年，梁华盛为振兴地方教育，拨出若干田产，加上部分资金作为兴学基金，在西江坡筹建海珊中学，并在校园内建立一座纪念会堂——海珊堂。

1951年，广东高州师范学校迁至海珊中学，海珊校园为高州师范的发展打下了良好的基础。高州师范为粤西地区培养出大批的优秀教师，被誉为“育师的摇篮”。而梁华盛将军为国育才，爱国爱乡，造福桑梓的事迹，已载入史册，是高州兴教助学的典范。

▲行书横幅

内容：锦绣河山，不让支离破碎。勉尔曹：齐发奋，坚苦志，竟全功。复兴民族，振刷颓风。发扬革命精神，紧跟先烈遗踪。

——海珊中学校歌

作者：梁立兵

分界广南医院旧址

分界广南医院旧址位于高州市分界镇广南医院内，建筑面积有413平方米，整座建筑为砖木瓦结构，至今保存完整，是广东省省级文物保护单位。

1942年，陈济棠夫妇在分界居住期间，目睹乡间缺医少药，便拨款在分界墟筹建广南医院，设门诊部、留医部，购买各种先进医疗器械，并派其私人医生、护士为骨干组建医疗团队，开展医疗卫生工作。最初三年，为贫苦民众免费诊治。三年后仍不收诊金，对常见病、多发病以及小伤小病患者都免收药费。其施医赠药、扶贫救厄的良好医德医风，为高州医疗卫生事业留下了光辉的一笔。

广南医院是高州市第一家新式医院，新中国成立后，高州城区的广南医院改建为高州县人民医院。

▲《分界广南医院旧址》 高凉清风编写组 摄

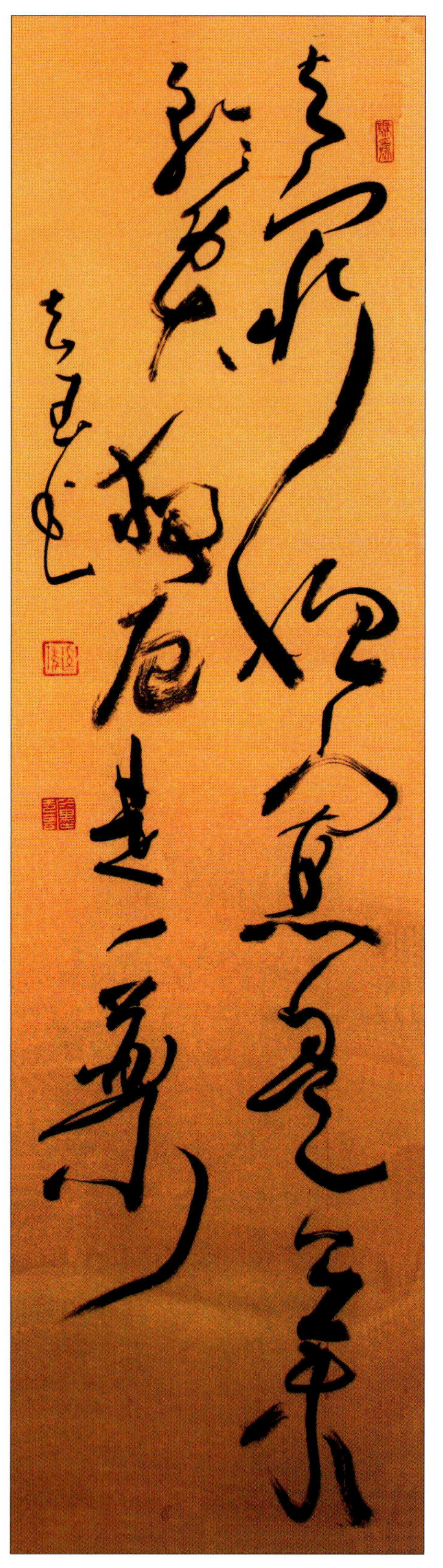

▲草书条幅

内容：与穷恤寡是一药，
矜贫救厄是一药。
——宋·张君房《云笈七签》

作者：方志武

高州水库

高州水库位于高州市东北部，距市区25公里，集雨面积1022平方公里，总库容11.48亿立方米，库区面积63.66平方公里。水库由良德库区与石骨库区组成，1958年5月18日动工兴建，高州县组织施工力量，投入劳动力2200万工日，1960年7月建成，是全国十大水库之一。

高州水库，是高州建设史上的一座丰碑，是高州人民劳动创造世界的结晶，是无私奉献，廉洁节约，艰苦创业的高州精神的集中体现。

高州水库建设过程中，高州县的24个公社抽调了劳动力四万多人，自带口粮日以继夜战斗在水库建设工地上。水库移民为了水库建设和国家利益放弃了祖辈留下的农田家业，搬离家乡。高州水库建设共淹没耕地4.39万亩，房屋67.99万平方米，移民安置1.21万户、6.12万人。正是这些满怀激情的高州人舍小家为大家，无私奉献的精神成就了高州水库建设的奇迹。

高州水库建设是高州人民廉洁节约的一个典范。按计划，兴建良德水库的工程投资预算是4500万元，国家实际投资为3000万元，但实际上，只用了1270万元就建成了。余下的钱，用来建了座石骨水库。良德水库和石骨水库都是库容超亿方的大型水库。

高州水库是高州人艰苦创业精神的生动阐述。在“水库不建成，决不还家乡”誓言引导下，水库建设人拿出了“大雨避一避，小雨不停工，晴天加油干，北风当南风”的干劲，在半机械化施工条件下，只用了一年半时间就完成了外国专家预计十年工期的两个高质量水库。

▼《高州水库》 张景明 摄

▲楷书中堂

内容：水储山移事可钦，英雄伟绩动豪吟，
文人笔唤楼龙出，壮士锄教尸骨沉，
坝大成于民力大，水深来自党恩深。
茫茫流泽功可许，亩亩田坡岁岁金。
——石鼓农民·梁举庭《咏高州水库》

作者：董兆汉

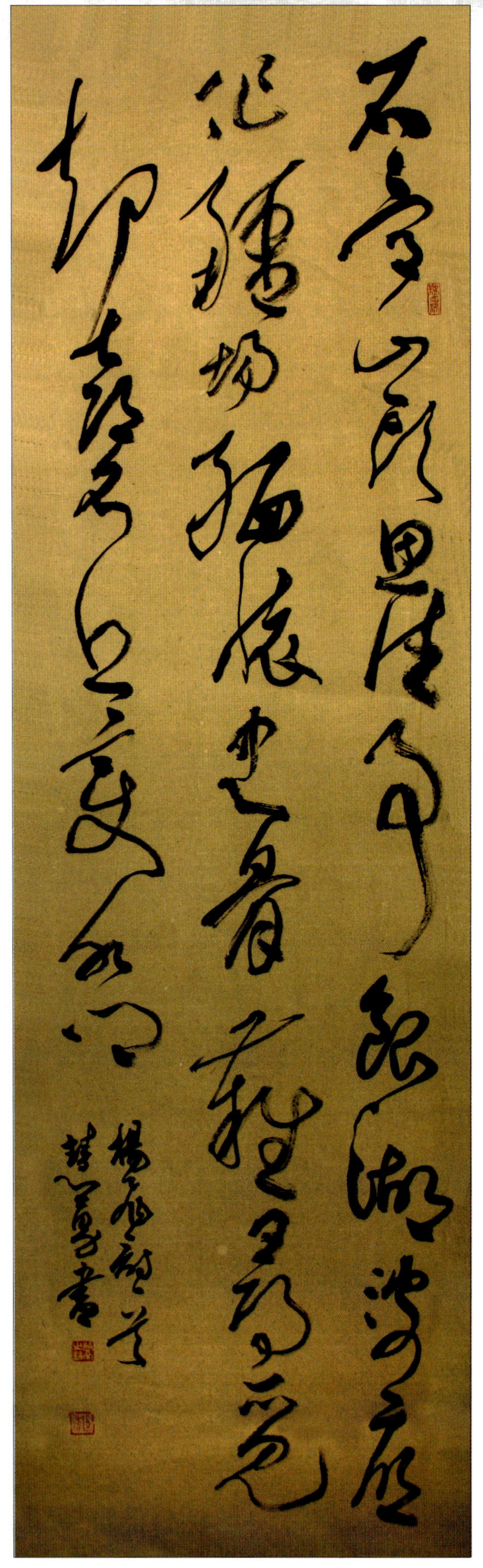

◀草书条幅

内容：石骨山头思往事，
银湖波底作疆场。
缅怀忠骨难寻觅，
却喜名丘变水乡。
——杨飞《咏高州水库》

作者：陈慧勇

思前井

高州思前井位于高州城东茗园村内，始建于晋代，是岭南道教先驱潘茂名为炼丹施药而亲手开凿的古井。井深2.5米，口径0.8米。该井泉水奇特，水质特殊，水位稳定，“旱天不半，雨天不溢”，源源不断，润泽高凉。至今仍为高州城区居民使用，汲水之人，饮水思源，常念潘仙济世为民之恩。

相传唐玄宗侍臣高力士回乡探亲时，从思前井汲水一桶归朝，送给玄宗皇帝，深得玄宗欢喜，称赞不已。宋《太平寰宇记》对此事曾作了记载：“潘真人炼丹之水，味甚香美，煎茶试之，与诸水异。力士奏取其水归朝。”

▲《思前井》 潘金平　提供

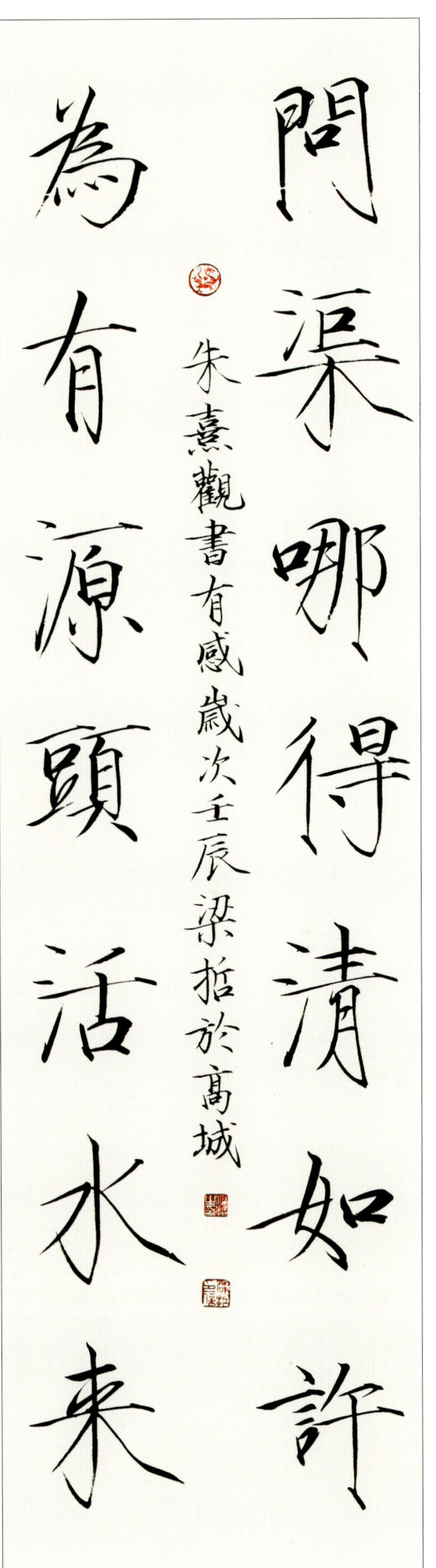

▶楷书对联

内容：问渠哪得清如许，

为有源头活水来。

——南宋·朱熹《观书有感》

作者：梁哲

兴文石桥

在高州城南关街与南宫岭之间，相连着一座距今三百多年的古桥——兴文石桥，亦名南桥。此桥全部用石头砌成。整座桥呈拱形，结构严谨，小巧玲珑。它与南宫岭上的庵群紧密联系在一起，形成一座较为完整的古代建筑艺术群体。

兴文石桥过去为梁木结构，每逢暴雨内涝，则桥断板流，无法通行。明代崇祯五年（1632年），举人卓锡、蒋国绅以“培气脉，畅文风”为由，倡议捐甃石建桥，“义捐者九十四户，集资白银六百余两”，在此太平通津故址建成了一座石质拱桥，名为“兴文石桥”。

兴文石桥过去是郡城沟通西部，驿使往来的必经之道，也是物质、文化文明传播的桥梁。兴文石桥至今仍承载着高州人民出行交通，文明交流，经济腾飞的重托。

▲隶书对联

内容：石桥兴文，石上蹄印凿悠悠岁月；
水流有声，水中月影驮历历春秋。
——佚名

作者：徐贵劲

▼《兴文石桥》 潘金平　提供

高州三塔

高州三塔均位于高州市市区内，是高凉古人为营造优良的自然环境，祈福高凉，振兴文风而倡建。在建造过程中，高凉人民或捐资、或出力，同心协力，更有感动神仙相助造塔之传说。至今，三塔仍然屹立，传承文明，造福高州。

宝光塔俗称“粉塔”，位于高州城西鉴江边上。明朝万历四年（1576年），高州知府张邦伊倡建。共耗资13万两白金（银元），其中邑人李铠捐资8万，其余由高州所属六个县分摊凑足。现为铜质葫芦型塔顶。该塔是广东省省级文物保护单位。

文光塔，位于高州市城东文笔岭上，建于清代嘉庆二十一年（1816年），因当时县举人招元傅以振兴郡城文风为由倡建，而且外形似笔杆，塔刹似笔锋，故俗称文笔塔。

艮塔位于高州市城北的东门岭上，建于清道光六年（1826年），艮塔又称镇龙楼。

▲楷书条幅

内容：浮图九级俯江流，乘兴抠衣豁倦眸。
万里雄风吹短袖，四山疏雨澹高秋。
星辰半自晴空落，云气低联远岫浮。
回首尘寰烟树隔，犹疑飞鸟傍云游。
——明・张晓《秋日登宝光塔诗》

作者：庞亚卓

▲《宝光塔》 李波伦 摄

▲《文光塔》 佚名 摄

▲《艮塔》 佚名 摄

贡园

“长安回望绣成堆，山顶千门次第开。一骑红尘妃子笑，无人知是荔枝来。”唐代著名诗人杜牧《过华清宫》诗中的“荔枝”就是来自“高州贡园”。也正是高力士在唐玄宗年间，把家乡高凉大园岭的荔枝献给杨贵妃，才有了坐落在根子镇浮山岭下的“高州贡园”。高力士（684-762年）原名冯元一，潘州（今高州市区）人，系潘州刺史冯君衡的少子，冼夫人的后人。唐代宗在公元777年为陪葬泰陵的高力士立碑，“公中立而不倚，得君而不骄，顺耳不谀，谏而不犯，故近无闲言，远无横议”、“言而有度，持国柄而无权”，这是对唐玄宗侍臣高力士的高度评价。

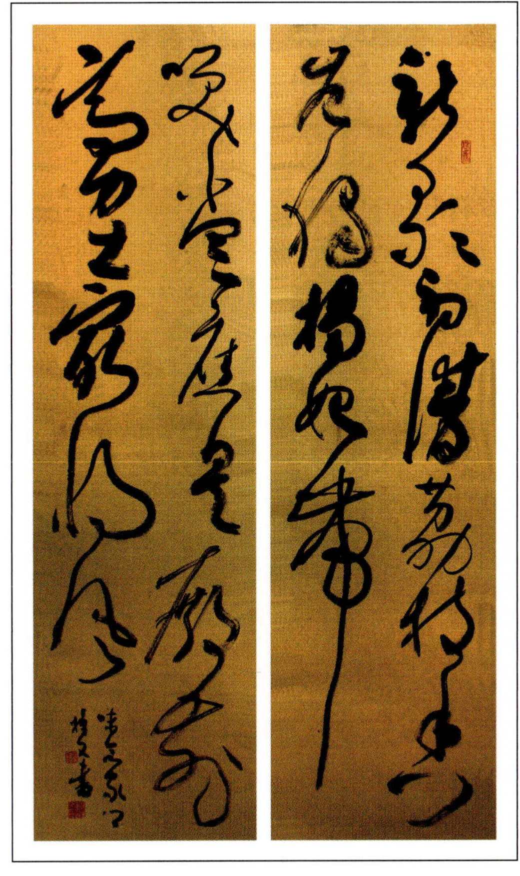

▲草书二屏

内容：新歌初谱荔枝香，岂独杨妃带笑尝。

应是殿前高力士，最将风味念家乡。

——清朝两广总督·阮元《岭南荔枝词》

作者：赖梓文

据史料记载，高州种植荔枝始于秦末，至今已有2000多年的历史。高力士进贡的大园岭荔枝，观之果色鲜红，果肉晶莹，尝之爽脆多汁，清香蜜甜，令杨贵妃大喜。因此高凉大园岭荔枝园的荔枝作为贡品进贡，久而久之，大园岭荔枝园被名为“贡园”，贡园的荔枝品种也就有了“妃子笑”。明末弘治年间，何氏祖先从原籍福建迁到高州府根子柏桥村，在大园岭改良荔枝古树、培育新品种，带领大园岭的民众广为种植，荔枝品种不断改良，“白糖罂”、“白腊”、“桂味”等名优品种也随之产生，“白糖罂”荔枝在1988年获得广东省早熟荔枝品种评比第一名，“贡园”的荔枝也因此远近闻名、驰名中外，为发展高州荔枝产业经济奠定了坚实基础。

▲《贡园》 高凉清风编写组 摄

2000年春，江泽民同志到高州市根子镇视察，亲手种植的荔枝树正是从“白糖罂”品种精选出来的，该树命名为“中华红”。

高州“贡园”见证了岁月的变迁，传承着农耕文化、荔枝文化的繁荣，同时承载着高州人民勤劳致富的愿景。进入新世纪，贡园正重新焕发青春活力，迎来了荔枝产业发展的春天。

▲《贡园》 高凉清风编写组 摄

▲贡园千年荔枝树《千手观音》 高凉清风编写组 摄

高凉岭

高凉岭，位于高州市曹江镇银堂村，海拔242米。该山“本名高梁，以群峰高耸，盛夏如秋，故名高凉”（见《舆地纪胜》），古高凉县、高凉郡亦因此山而得名。高凉岭以秀丽的风光闻名遐迩，更因岭南巾帼英雄冼夫人当年屯兵于此，保境安民，维护国家统一而闻名。高凉岭半山处有一平地，传说是当年冼夫人的演兵场。山上建有冼太庙，以纪念这位岭南圣母。高凉岭自然生态保护良好，被列为南粤百景之一。

▲《高凉岭》 张景明 摄

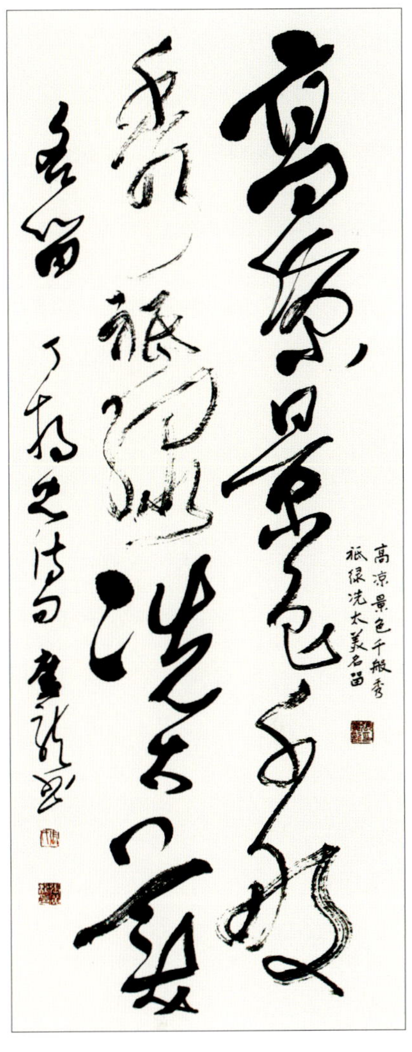

▲行书条幅

内容：高凉景色千般秀，祇绿冼太美名留。

——丁扬忠《咏高凉岭》

作者：张广龙

▼《高凉岭》 张景明 摄

浮山岭

“浮山钟灵毓秀”是南粤百景之一。浮山岭位于高州市根子镇，主峰海拔941米，盘亘44平方公里；相传尧时洪水泛滥，周围村庄良田均成泽国，独此山浮于水上，故名“浮山”。

▲《浮山神采》 高凉清风编写组 摄

浮山岭山清水秀，树木郁葱，泉溪清澈，云雾缭绕，置于其间，恍若仙境。山腰和山下荔枝、龙眼树连片成林，花繁果硕。浮山岭为潘茂名的出生、修道、炼丹之地，人们为了纪念潘茂名在浮山“超凡入圣，世居道浓”和修道炼丹、悬壶济世的功德，故在此修建了超世寺。浮山岭有独特的地理环境，历为兵家要地。隋朝时，冼夫人就在此设营驻军，保境安民。为纪念冼夫人的功绩，后人建冼太庙于此。该庙始建于宋代，历代皆有修葺。

解放战争期间（1947年4、5月间），中共茂电信独立六连[1]曾于浮山岭冼庙附近三战击溃国民党军队，为中国人民的解放事业写下了浓重一笔，为高州新政权的建立立下了不朽的功勋。

▼《浮山岭》 陆雄 摄

[1] 独立六连系中共茂电信党组织的武装部队。

▲楷书条幅

内容：几人平地作神仙，谁识山灵竟不然。
石骨瘦撑峰十二，岩头香接界三千。
雨余黛染螺鬟密，风静屏开孔雀鲜。
空翠重重云淡淡，倪迂应恐笔难传。
——清·徐锌庚《题浮山》

作者：梁哲

▲草书条幅

内容：钟灵毓秀

作者：黄彬南

《平云山天湖》 张景明　摄

清风弘扬

文化是水，川流不息，激浊扬清；文化是火，驱散黑暗，给人光明；文化是土，滋养心灵，孕育一方文明；文化更是一种力量，成就了高州"广东文教之乡"的美誉。先进文化是高州社会进步的不竭动力，更是高州人民凝聚力和创造力的重要源泉。弘扬先进文化，传承高州文明，努力开创幸福高州新局面，是时代赋予我们的重任。

文化教育的传承

高州历史悠久，文化源远流长，南朝梁代以来，一直是州、郡级行政治所，是高凉地域经济、文化中心。文化是民族的血脉和灵魂，是国家发展、民族振兴的重要支撑。高州厚重的历史文化底蕴对推动高州社会文明进步作用巨大，胡锦涛同志指出："一部人类社会发展史，是人类生命繁衍、财富创造的物质文明发展史，更是人类文化积累、文明传承的精神文明发展史。人类社会每一次跃进，人类文明每一次升华，无不镌刻着文化进步的烙印。"

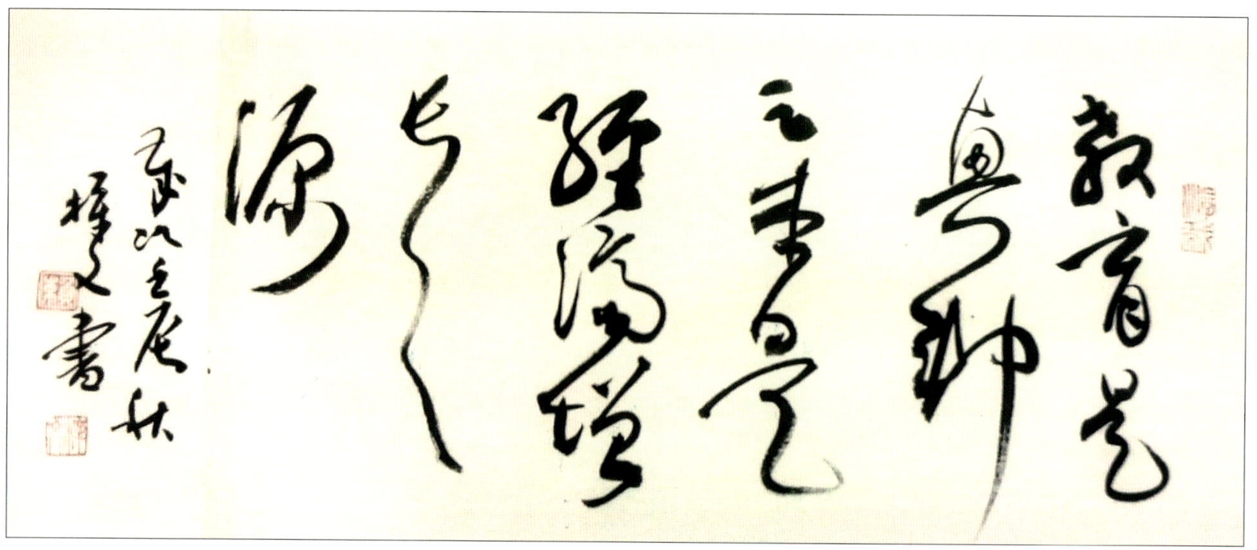

▲草书横幅

内容：教育是兴邦之本，是经济增长之源。

——摘自叶茂林《教育发展与经济增长》

作者：赖梓文

高州府学宫、书院、图书馆藏

高州府学宫随府治而建。元代以前，高州府治于长坡旧城（现为长坡镇旧城村），府学宫也设置于旧城。此后，经历朝共达18次不同规模的扩建和重修，使府学宫成为高州府内最高级别的教育场所。至清代末期，高州府学宫成为广东省内最大的府级学宫。

▲《秀川图书馆》 高州市图书馆 提供

明隆庆初年，吴国伦任高州知府期间，重教兴学，创办了“南岳书院”；康熙三十六年，钱以垲任茂名知县，在高州城东二里开办三至书院，康熙三十八年又开办安乐书院，为高州培育了大量人才。据光绪年间重修的《茂名县志》记载，高州人民为了颂扬先贤们对文化教育的贡献，将潘惟贤、潘斗辅、潘梅窗、梁义夫、黄子平、李学会、李一迪、李之乔、冯名望、黄鹏、张孟学等先贤设祠供奉。

明代高州设立书院11所，培养出进士19人，举人101人。清代后期，高州开设的书院较著名者达12所，其中有府设书院1所，县设书院1所，乡设书院2所，各路联设书院4所，各族联设4所。明清时期较盛名的书院有20所，分别是：高文书院、高明书院、泗水书院、东津书院、拱极书院、清溪书院、朋来书院、墨池书院、笔山书院、绮天书院、潘江书院、三至书院、安乐书院、南皋书院、近圣书院、敦仁书院、南宫书院、登瀛书院、丽泽书院、起元书院。

民国14年（1925年），茂名县在县城建立通俗图书馆，有书刊数百种，藏书近3000册。民国35年（1946年），县私立秀川图书馆落成，馆内有藏书1.6万册，大部分为线装古籍，其中有《万有文库》、《四库全书提纲》提要、《二十四史》以及地方志，中国古典文学名著和外国文学名著等。新中国成立后，秀川图书馆由县人民政府接收，更名为茂名县人民图书馆，1959年更名为高州县图书馆。1987年该馆藏书刊资料14.6万册，到1993年，总藏书量为15.9万册，是全省藏书最丰富的县级公共图书馆之一。

除了学宫、书院、图书馆藏之外，高州近代还有众多书局、印刷厂、毛笔厂等，对推动高州文化教育发展，弘扬高州文明都作出了积极的贡献。

● 广东文教之乡

高州从古至今都有重文兴教的优良传统，很早就与梅县、新会、文昌并称为广东的四大文教之乡。

久负盛名的高州中学始建于元代大德8年（1304年），明代隆庆3年（1569年），高州知府吴国伦将府学改称南岳书院，高州中学至今已有708年历史；广东省高州农业学校已有105年历史，其前身是光绪三十三年（1907年）创办的崇实中学堂，1983年10月，改名为广东省高州农业学校；高州师范学院创办于1930年，至今已有82年历史，学校前身为茂名县立师范学校和广东省立茂名女子师范学校。1949年两校合并为“广东省立高州师范学校”；1970年更名为“湛江地区师范学校”；1973年为“广东省湛江地区高州师范学校”；1980年，学校改名为“广东高州师范学校”。2010年5月，经教育部批准，学校改名为“广东石油化工学院高州师范学院”。

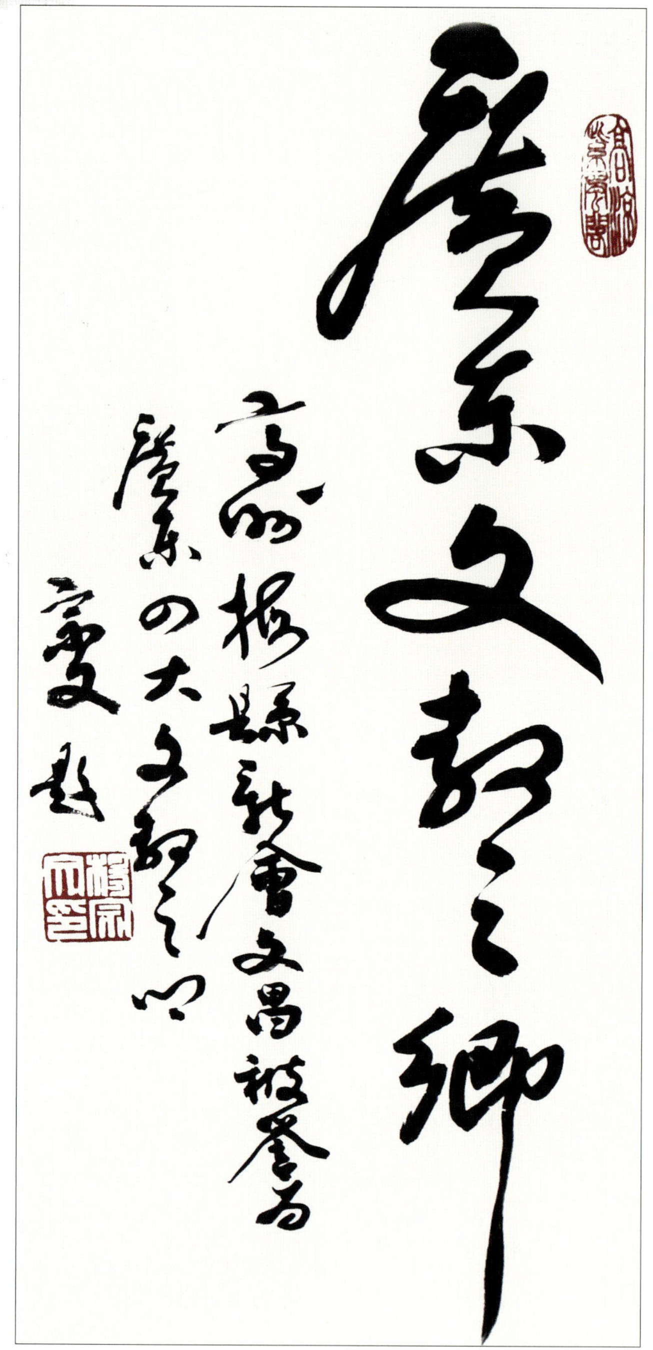

▲草书条幅

内容：广东文教之乡。

作者：杨宗文

近年来，高州的文化教育得到了进一步的发展。目前，全市有广东省国家级示范性普通高中3所，广东省一级学校16所(含省国家级示范性普通高中3所和幼儿园1所)，国家级重点职业中学2所，广东省示范性中等职业技术学校2所，广东省中等职业实训中心2个；广东省依法治校示范校1所，广东省美丽校园2所，广东省书香校园9所，广东省安全文明校园15所，广东省德育示范基地1个，广东省语言文字规范化示范校2所。1984年以来，高州市已涌现了全省高考总分状元4人，单科状元37人，总分前十名14人，有65人考入全国著名高等学府——北京大学、清华大学。2009年以来，高州高考各线上线人数及上线率均居茂名市各县（市、区）第一，居全国前列。

高州书法

中国书法成为一个民族符号，代表了中国文化博大精深和民族文化的永恒魅力。明清以来，高州文人辈出，书家林立，临池习字者颇多。较有影响的书法家有周朝勋、朱振基、陈椿元、陈东阳、张仲熊、朱凯、王栋材、罗祖武、周锐等人。其中周朝勋，不仅文章出众，其所书正楷在当时亦无与伦比。他于同治四年（1865年）上京参加恩科朝考，通过了殿试，考取了一等第一名，被钦定为“朝元”（即书法状元的特设称号），其在书法艺术方面的影响，对后人潜移默化，意义深远。

新中国成立后，高州书法发展较快，至20世纪90年代初，涌现出一批书法作者，如陈椿汉、邹继海、梁光鹏、傅培权、周铝南、李广严、张惠、李耀俊、梁立兵、陈慧勇、张国等。陈椿汉的楷书条幅曾赴日本展出，楷书横幅、对联书法作品也多次入选各地展出，还发表一批书法理论研究文章；傅培权的小楷参加省港澳金融系统书法大赛获二等奖；梁立兵的书法作品2005年8月入选中韩第三回书法展，2011年7月获全国税务系统书法大赛一等奖；梁立兵行书入展第二届广东省楹联展；陈勇的行书对联和张广龙隶书对联入选广东书法展。1991年“学雷锋硬笔书法大奖赛”参赛人数达千人之多，参赛稿件1500多件。2006年至2008年书法协会组织全市中小学生参加全省1~3届青少年书法大赛获奖人数达23人，居茂名市前列水平。

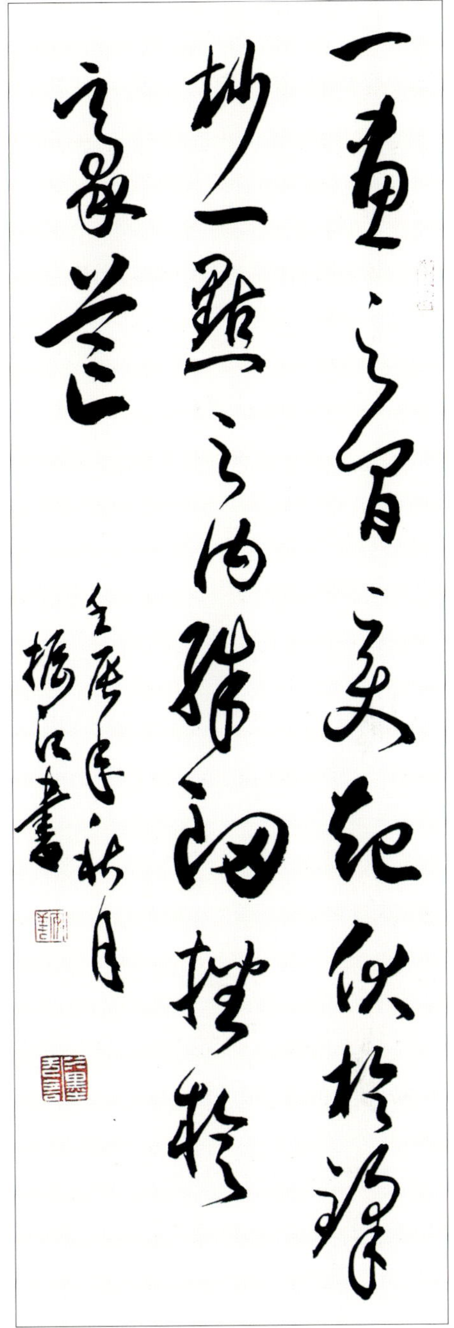

▲草书条幅

内容：一画之间，变起伏于锋杪；

一点之内，殊衄挫于毫芒。

——唐 · 孙过庭《书谱》

作者：成振江

高州市书法家协会于1984年成立，到目前为止，市书协会员已发展到136人，省书协会会员34人，高州籍的中国书协会会员12人，其中在高州工作的有：程华德、赖梓文、陈慧勇、何明霖。据统计，2006年以来，全市由书协或书协骨干举办、组织的各类书法班、书法讲座110多期，参与人数达2000多人次。近年来，高州书家入选全国展、省展、获奖人数不断增加。其中程华德、何明霖、陈慧勇入选九届全国展；何明霖入选十届全国展；赖梓文获全国80后榜样书法家称号，作品入展全国二届中青展，获全国第三届康有为展优秀奖，获全国“梁披云”杯书法大赛优秀奖。梁立兵、庞亚卓、张广龙、徐贵劲入选第三届广东省南雅奖，赖梓文获第三届广东省南雅奖银奖。董兆汉获第四届广东省南雅奖银奖。

● 高州籍中国书法家协会会员

陈永正 中国书法家协会原副主席、中国书法家协会顾问、广东省书法家协会名誉主席、广东书法院名誉院长

邓维龙 广东省工会主席、中国书法家协会会员

邹继海 广东省文联原专职副主席、中国书法家协会会员、广东省楹联学会主席

李远东 中国书法家协会行书专业委员会委员、广东省书法家协会副主席、广东书法院院长

黎天伦 中国书法家协会会员、广东省书法家协会理事、茂名市书法家协会主席

程华德 中国书法家协会会员、广东省书法家协会理事、茂名市书法家协会副主席、高州市书法家协会主席

陈佩霞 中国书法家协会会员、广东省女书法家协会副主席

赖梓文 中国书法家协会会员、茂名市书法家协会副秘书长、高州市书法家协会副主席、高州市书画院负责人

陈慧勇 中国书法家协会会员、茂名市书法家协会常务理事、高州市书法家协会副主席

何明霖 中国书法家协会会员、广东书法院创作员、高州市书法家协会副主席

林雄伟 中国书法家协会会员、茂名市书法家协会副秘书长、茂名市青年书法家协会副主席、茂名市硬笔书法家协会主席

杨伟龙 中国书法家协会会员

● 高州市广东省书法家协会会员

赵广辉 成振江 李　强 梁立兵 张广龙 莫　晖 徐贵劲 苏创声 杨宗文

邱非拉 庞亚卓 黄　时 熊　勇 方志武 董兆汉 邝月微 黄邦杰 黄彬南

梁　哲 李林惠 卢　俊 刘权明 区　飞 刘长东

高州书法家协会

程华德 广东省高州市人，中国书法家协会会员、中国摄影家协会会员、广东省人民政府文史馆特聘书家、广东省书法家协会理事、茂名市书法家协会副主席、高州市书法家协会主席。

作品荣获："新世纪全球华人书法大赛"优秀奖、广东省第一届书法中青展铜奖、美国世界摄影沙龙展金奖、中国首届西藏珠峰摄影展银奖、中国西藏风情摄影大展铜奖、广东省第二届摄影大展银奖等，其作品多次荣获省级书法大赛奖。

作品入展：第九届中韩书法交流展、第十四届中日友好自作诗书法交流展、亚细亚韩国书法联展、粤港台书法联展、全国书法大赛"冼夫人奖"、第九届全国书法篆刻展入展提名等。

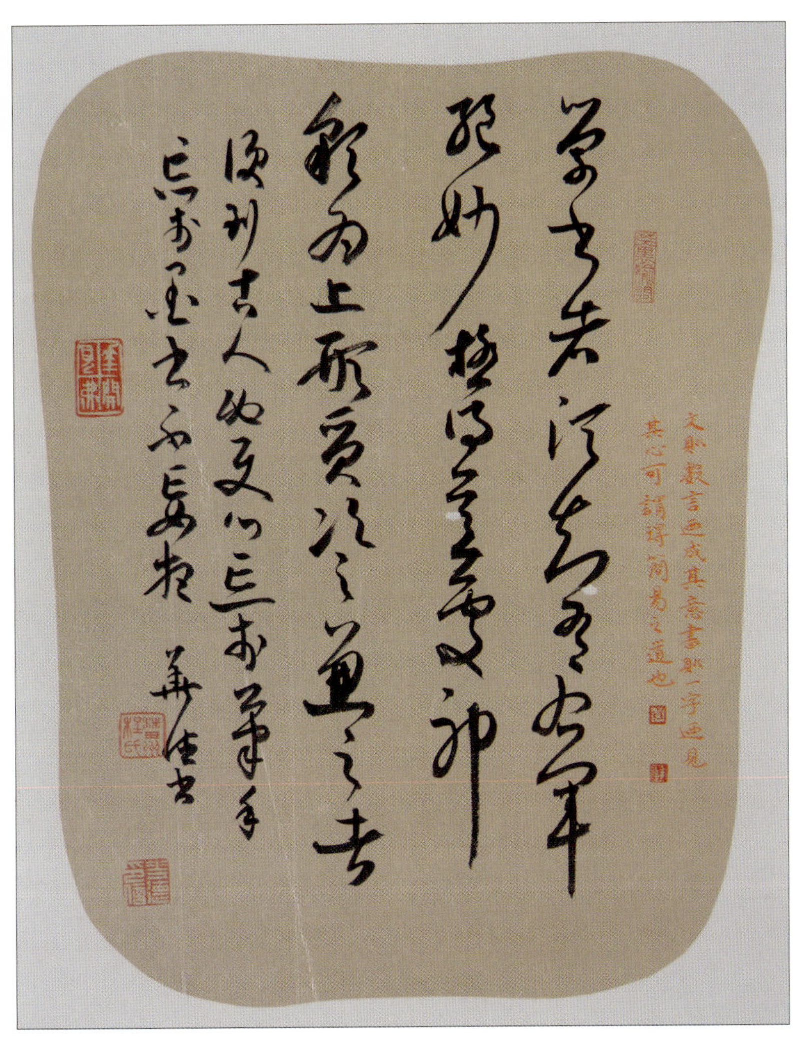

▲草书团扇

内容：学书者，须知有右军绝妙极得意处。神彩为上，形质次之，兼之者便到古人，必使心忘于笔，手忘于墨，书不妄想。

作者：程华德

梁立兵 广东省高州市人，男，广东省书法家协会会员，茂名市书法家协会理事，茂名市青年书法家协会副主席，高州市书法家协会常务副主席兼秘书长，高州市国税局党组成员、纪检组组长。其作品获全球华人书法大赛优秀奖、全国税务系统书法大赛一等奖、广东省首届扇面小字展优秀奖；入选广东省第二届楹联书法展、中韩第三回书法交流展、第三届广东省南雅奖展。

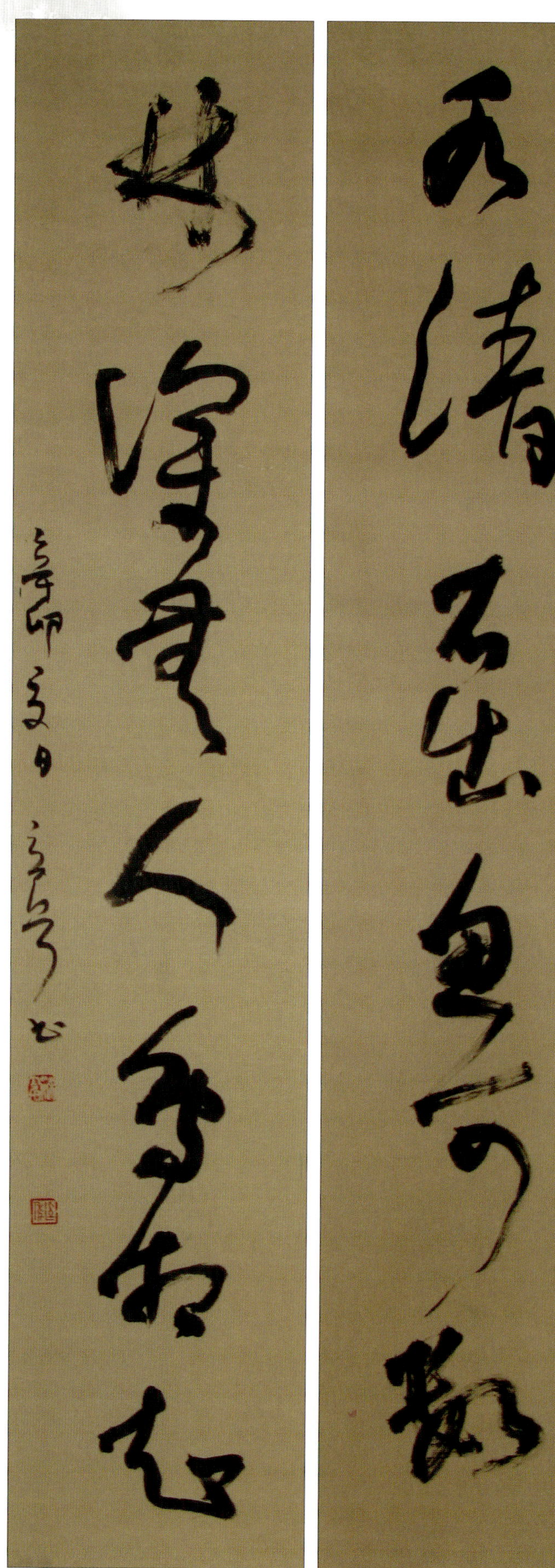

▶草书对联
内容：水清石出鱼可数，
林深无人鸟先知。
作者：梁立兵

赖梓文 广东省高州市人，男，1980年生，号孜斋，毕业于广州美术学院。中国书法家协会会员、全国80年代书家艺术委员会委员、茂名市书法家协会副秘书长、高州市书法家协会副主席、高州市书画院负责人。

2011年被中国书协学术委员会授予“中国80后榜样书家”称号。其作品入展省级书法展有20多次，被国内多家书法媒体作专题报道，作品被清华大学、美国加州大学（UCLA）等名校收藏，并在国内多家书法权威报刊选登发表。

作品荣获：全国第三届康有为展优秀奖、全国第一届“梁披云杯”书法大展优秀奖、全国纪念辛亥革命一百周年全国名家作品展优秀奖、广东省第三届南雅奖二等奖、2012年广东省纪委书法大赛优秀奖。

作品入展：全国第五届新人展、全国第二届青年展、全国第六届新人展、全国冼夫人杯书法大赛、全国80后榜样书家大展等。

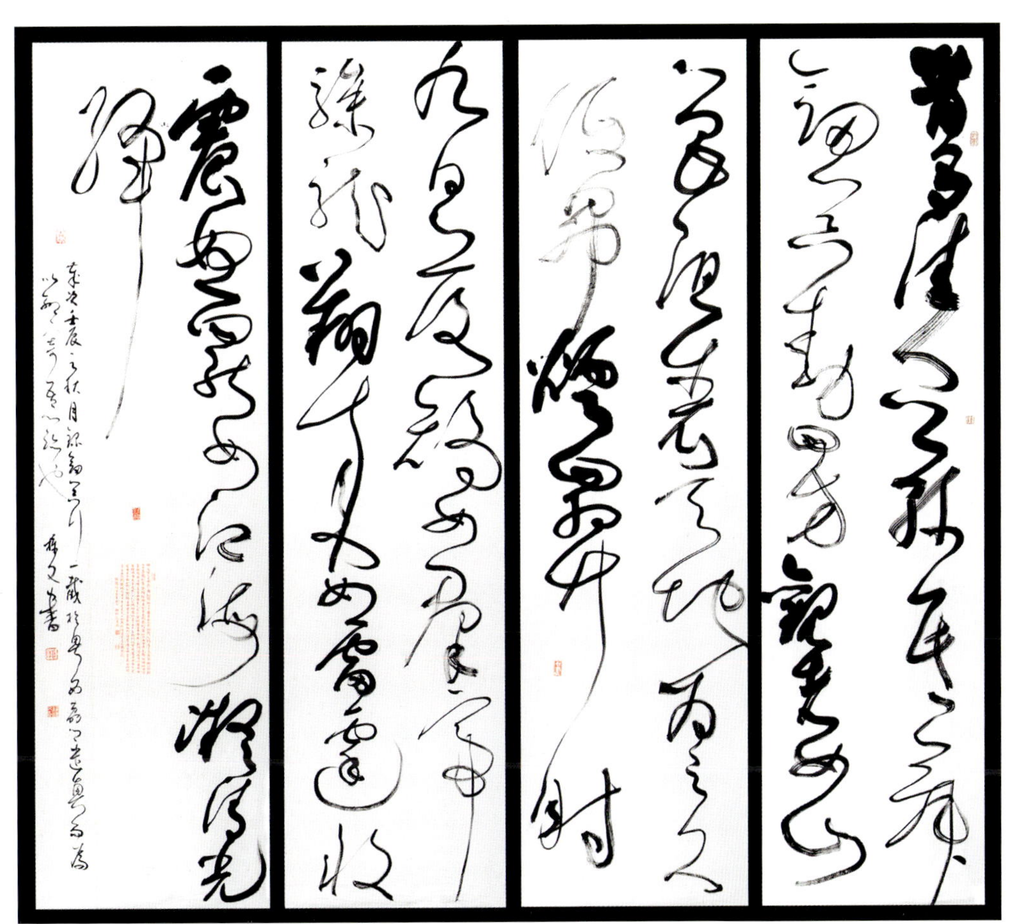

▲草书四屏

内容：昔有佳人公孙氏，一舞剑器动四方，观者如山色沮丧，天地为之久低昂，（烟四）㸌如羿射九日落，矫如群帝骖龙翔，来如雷霆收震怒，罢如江海凝清光。降……

作者：赖梓文

陈慧勇 中国书法家协会会员、茂名市书法家协会常务理事、高州市书法家协会副主席。作品、论文多次在《书法报》、《书法导报》、《青少年书法》等专业报刊发表并作专版介绍。从艺之余，致力少年儿童书法教育，2002年创办文化馆翰墨书法班，为社会培养出大批书法新秀。获广东省青少年书法大赛“优秀书法教师”、“全国优秀书法辅导教师”等称号。被《青少年书法》杂志社授予“教学成果奖”铜牌。作品入展九届国展，并多次参加全国、省、市书法比赛入展。

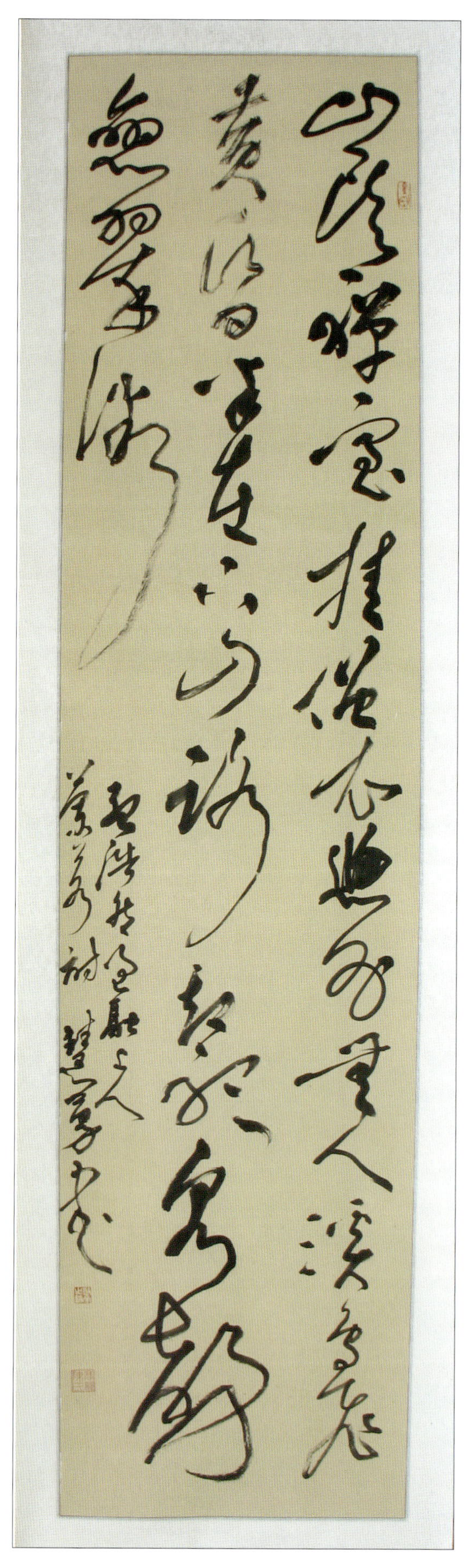

▶草书条幅

内容：山头禅室挂僧衣，窗外无人溪鸟飞。
黄昏半在下山路，却听泉声恋翠微。

作者：陈慧勇

何明霖 广东高州市人，男，1975年生，号雨林、撷韵堂主人。中国书法家协会会员、广东书法院特聘书法创作员、茂名市青年书法家协会理事、高州市书法家协会副主席。书法作品曾参加中韩书法交流展，赴韩国展出、书法作品曾刊登于书法导报、书法报等专业媒体。

作品荣获：全国第九届书法篆刻展（获奖提名）、广东省第二届“南雅”奖书法展（铜奖）、广东省第二届中青年书法展（二等奖）。

作品入展：全国第十届书法篆刻展、全国书法名家千人千作书法展、全国首届行书大展、全国第二届兰亭奖“安美”杯书法展、全国“冼夫人”杯书法展。

▶草书中堂
内容：碧涧泉水清，寒山月华白。
点知神自明，观空境逾寂。
——录寒山禅诗以遣兴
作者：何明霖

高州木刻版画

高州木刻版画历史最早可追溯到唐朝，当时已有民间木刻艺人刻制红纸墨印的年画。现代群众版画始兴于抗日战争时期，最早一幅版画是由黄文山创作的，以高州名胜古迹为题材的《石船丹灶》，刊于1942年初的《高州民国日报》上。

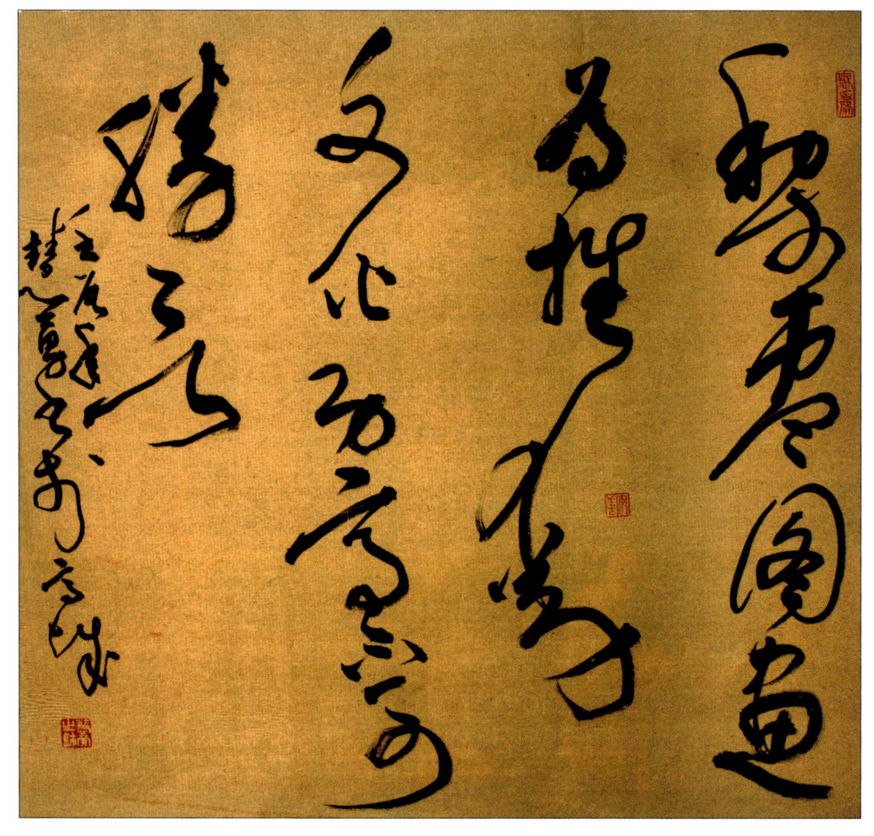

▲草书斗方

内容：梨枣图画，为推动文化，功高不可胜言。

——郑振铎《咏高州版画》

作者：陈慧勇

20世纪50年代末60年代初，高州木刻版画进入全盛时期。崔冠璋、张宗俊、卢西林等一批美术教育工作者，先后创作了一批反映社会主义革命建设的、洋溢着浓郁生活气息和时代精神的版画作品。在他们的影响下，群众性的版画创作活动随之活跃起来。不仅知识青年，更有工人和农民也加入学习木刻版画创作的行列中来。高州木刻版画独特的艺术风格和创作特色震惊全国美术界，那些被画家用以抒发真情实感，描绘丰收场景，歌颂祖国歌颂新生活的质朴稚拙的木刻版画在国内外展览和结集出版，名声大噪，使高州这座人文历史积淀深厚的古城，一度被誉为“版画之乡”。

木刻版画作品以饱满的政治热情，淳朴的笔调，描绘出一幅幅具有积极向上精神面貌、强烈生活气息、质朴感人的画面，从不同角度反映了人民群众丰富多彩的劳动和生活，讴歌了社会主义建设事业的杰出成就。1981年8月，《南方日报》发表了《质朴的高州群众版画》一文，充分肯定了高州木刻版画创作的成就。高州木刻版画以其独特的文化艺术形式，传承着高凉清风精神和高州文明。

● 高州美术创作组木刻版画代表作品

▲《春水随人意》

▲《夏日果乡忙》

▲《秋山传喜讯》

▲《冬田满垌青》

高州木刻版画代表人物

张宗俊 男，1925年10月出生，高州市镇江镇人，中国美术家协会会员，中国版画协会会员。他共创作了3000多幅木刻版画作品，1954年开办高州首期工农木刻版画创作学习班，曾组织过《高州、澄海农民版画展览》，数十幅木刻版画作品赴日本、瑞士、荷兰等国家展览。代表作品有：《战胜旱灾》、《歌舞到田间》、《建设中的石油城》、《油城报晓》(此画被人民大会堂悬挂收藏)。专著有：《张宗俊作品集》、《张宗俊木版画集》、《刀笔岁月画册》、《张崇俊木刻画画册》。

卢西林 男，1925年4月生，广东省高州市人，中国美术家协会会员，中国版画家协会会员，广东美术家协会理事。20世纪70年代，其独创的“锥刻”技法开创了版画的一代新风，被誉为“卢西林式刀法”。其版画作品多次入选全国美展、版展，并选送前苏联、日本、法国、美国等国展出，代表作有：《娄山关》、《满山红》、《三峡彩云》等。出版的个人专集有：《卢西林版画选》、《卢西林从艺五十年画集》、《卢西林中国画集》、《卢西林山水木刻集》、《墨海情深》、《拾文集》。由于其卓越的艺术成就，1996年获中国版画家协会颁发的“鲁迅版画奖”；2009年获中国文联颁发从事新中国文艺工作60周年“荣誉奖”。

张永尧 男，1943年10月生，广东省高州市人，广东省美术家协会会员。其作品多次在国内外获奖及展出，版画《银湖舞翠》参加广东省“青年美展”获奖，又参加国家文化部、共青团中央、中国美术家协会举办的“全国青年美展”获三等奖，并被“中国美术馆”收藏，后又被美国美术馆收

▲张永尧作品《水库春光》

藏；《水库春光》由文化部文化艺术中心主办的“纪念中国人民抗日战争胜利60周年——中华当代艺术家作品展”中获奖并收藏；2004年度他获得中国艺术市场最具有影响力画家提名奖。

▲吴思志作品《军魂》

吴思志 男，1968年3月出生，广东省高州市人，民间艺人，高州市文联副主席。现是广东美术家协会会员，高州市美术家协会主席。他15岁开始师从张宗俊学习木刻画，很快就掌握了黑白木刻画技法、套色木刻技法和拓印技巧，长期的实践使他逐渐形成自己独有风格，尤其在刻版方面有其独特之处，他个人创造出木刻画的“粒点法”，能很好地表现画面亮度，立体感强，得到版画界同行的一致推崇。代表作品有：《军魂》、《收获》、《春》、《曲径通幽》等，其中，他的木刻画作品《收获》在2008年获“广东省南粤清风——纪念广东省纪检机关恢复重建30周年书画展”优秀奖；《军魂》获“广东省拥军爱民书画展览”一等奖，并被中国军事博物馆收藏。《春》、《家园》、《曲径通幽》等作品参加“全国农民版画展览”。

邹文虎 广东人民艺术学院工艺美术系毕业，高州市文联原常务副主席、秘书长。广东省美协会员，茂名市美协理事，高州市美协顾问，茂名书画院特聘画家。他对高州木刻画制作有很深造诣。

▲邹文虎作品《蕉乡》

陈业精 男，高州市人，高州市农民版画家，高州市美术家协会会员，广东省美术家协会会员。热爱版画创作，至今“刀耕不辍”。作品生动活泼、质朴自然，散发出浓烈的粤西乡土气息。版画作品多次在国内外获奖及展出，其中《牧场放牧》被选送到北京参展，后又被送到日本、瑞士、新加坡等国家展出；《高山放牧》获省三等奖；《绿化先行者》入选香港画展；《牧牛满山坡》获茂名版画优秀奖。版画作品被《高州版画集》、《茂名版画集》、《茂名晚报》等选载。

▲陈业精作品《高山放牧》

李德文 1936年生，广东省教育书画研究会会员，茂名市美术家协会会员，高州市美术家协会会员，高州市中小学美术教研会副会长，老年大学书画摄影班理事和美术组长，高州二中美术教师。1992年《练兵》（版画）获首届全国教师画赛二等奖，2004年《建设之歌》（版画）获广东省老年文化艺术书画展三等奖。自1956年以来，书、画、摄影作品参加省、市、县的展出近百幅，多幅美术作品发表于《广东拼音语文报》、《秋光》、《茂名版画集》、《茂名日报》、《茂名教育》、《高州新闻》等报刊。

▲李德文作品《丰收忙》

梁光鹏 1928年4月出生，广东省怀集县人，茂名市美术家协会

▲梁光鹏作品《把光明送给千万家》

会员，高州市美术家协会会员，求教于著名画家关山月教授。1953年3月到高州县文化馆担任美术、宣传工作，举办不定期工农版画培训班，出版有《高州版画选集》。其中版画《贯通京九迎回归》入选《香港回归全国美术选集》，荣获优秀奖。作品入选20多部大型画集辞典。他在50多年的艺术生涯中坚持创作，作品贴近生活，匠心独运，栩栩如生，在画坛和群众中享有较高声誉。

▲何山作品《农村文化室》

何山 高州人，现为潘州画院画家，高州市美术家协会副主席，茂名市美术家协会理事，中国工艺美术家协会会员。长期在高州市文化馆从事美术工作，以木刻版画为主，兼国画、年画、装饰画等实用美术创作。其作品在各级报刊发表，在各地展览、获奖，并被南方电视台、香港电视台、茂名电视台、高州电视台等媒体采访报道。在从艺之余不忘历史使命，为高州培养了大批美术人才，为高州市美术宣传工作作出了贡献。

高州缅茄雕刻

高州缅茄雕刻简称茄雕，源于明朝，距今已有400多年历史。高州茄雕既保留了高州民间艺术和民间工艺的原生形态，在长期的传承和发展中，也丰富了茄雕的价值和内容，形成了一种带地方特色的具有历史学价值、艺术学价值、民俗学价值及文化交流价值的民间美术工艺品。高州缅茄雕刻曾参加国内外展10多次，作为礼品赠送给10多位外国元首。为传播中华民族文化文明作出了积极贡献。

新中国成立后，高州茄雕发展较快，20世纪60年代从业人员过百人。1978年改革开放以来，由于受到外来文化和经济大潮冲击，从事缅茄雕刻的艺人越来越少。为保护高州缅茄雕刻民间工艺，弘扬民族文化、民俗文化，省人民政府、茂名市人民政府和高州市人民政府已把高州缅茄雕刻列入“非物质文化遗产”保护项目。

小姑欣喜綴佩鑴雕
琢跗萼成花枝珊瑚
之釧翡翠側問此反
覺誇新奇

▲楷书中堂

内容：小姑欣喜缀佩鑴，雕琢跗萼成花枝；珊瑚之钏翡翠侧，问此反觉夸新奇。

——清·黄若济《咏缅茄》

作者：梁立兵

● 高州缅茄雕刻代表人物

梁毓宜 男，1942年6月出生，高州市分界镇人，20岁开始学艺，从事缅茄雕刻至今已近50年。他20世纪60年代进入高州日用制品社（高州雕刻厂的前身）工作，师从张文梓学习缅茄雕刻技术。他擅长“立体雕刻”和“平面雕刻”，形成自己独特风格，尤其是雕刻“龙鳞”技术是采用阴雕和阳雕刀法，显得质感特强，使龙鳞片活灵活现，栩栩如生。其人物雕刻功底也很深厚，把人物的千姿百态雕刻在小小的缅茄上，富有“静中带动，动中带静”的艺术美感，得到雕刻同行的一致好评。代表作品有：十二生肖

▲梁毓宜作品

《龙》、《凤》、《马》等；人物类作品有《冼夫人》、《佛像》、《八仙》等。

张文炎 男，1944年10月出生于高州县城常平街，“张氏缅茄雕刻世家 ”家族第四代传承人。从艺时间41年。自幼跟随父亲张国年，兄长张文梓学习缅茄雕刻技术。其刀法利落，“有刀刀准”家传技艺，擅长人物和龙凤雕刻，风景作品能静中带动，动中带静，人物雕刻作品面相清晰，线条清楚，仪态多姿，表情感人，尤其捕捉人物瞬间表情，更显得淋漓尽致。代表作品有《八仙》、《佛像》、《寿星》。

▲张文炎作品

苏文光 男，高州雕刻艺人，从事茄雕手艺40多年。对缅茄雕刻很有研究，工艺精致优美，很早以前就将缅茄的蜡头雕刻图章及十二生肖、花草虫鱼等，其所雕的“龙凤戏珠”、“狮子滚球”等精美作品，深受广泛好评。

张俊雄 男，1975年6月出生于高州县城常平街，“张氏缅茄雕刻世家”家族第五代传承人，从艺时间16年。自幼跟随父亲张文成，伯父张文梓（全国工艺雕刻大师，全国劳动模范，获国务院“工艺美术雕刻专家”特殊津贴）学习缅茄雕刻（微雕），他吸取家族前辈的缅茄雕刻技法，表现大胆，淋漓尽致，尤其利用混雕、线雕、隐雕、剔雕、透雕的家传“绝活”，有“一刀准”的称誉。他刀法娴熟，精练，且富有特色，尤其着重写实，雕刻人物能形象生动传神，富有意态，雕刻龙、凤、狮及十二生肖时，采用镂空技艺，将眨眼睛、嘴含珠、脚滚球等雕刻得栩栩如生。2006年，张俊雄的缅茄雕刻作品代表茂名市参加“广东省非物质文化遗产保护成果展览”，同年，其作品《五羊》、《寿星》和《双龙戏珠》等13件缅茄雕刻系列产品被广东省博物馆收藏，并获“第二届广东省民间工艺精品展”优秀奖。主要代表作品有《双龙戏珠》、《五羊》、《狮子滚球》和《十二生肖》等。

▲张俊雄作品

高州角雕

高州角雕历史悠久，它是采用各种水牛角、山羊角，利用其形状、纹理、色泽，经过精心设计，运用钢锯造坯，钢刀精雕细刻，再涂以蜡油，最后抛光等等工艺，而制作成的工艺美术品，以形象生动，栩栩如生而闻名中外。高州角雕较好地继承了我国传统雕刻艺术和国画的民族特色，20世纪60年代，随着《小虾》等角雕作品畅销香港、英国等地，高州角雕也在国际上有一定的知名度。高州角雕作品《草虾》，在1973年广东省旅游工艺评比中夺得一等奖；1974年，该作品又被选送维也纳世界年度博览会展出；1983年，该作品被首都博物馆收藏。1978年，高州雕刻家张文梓和周福华组织创作人员创作的《虾》、《神仙鱼》、《松鼠》角雕，入选全国工艺美术作品展，受到邓小平的赞扬：“广东神仙鱼很好！”

▲角雕作品《神仙戏水》

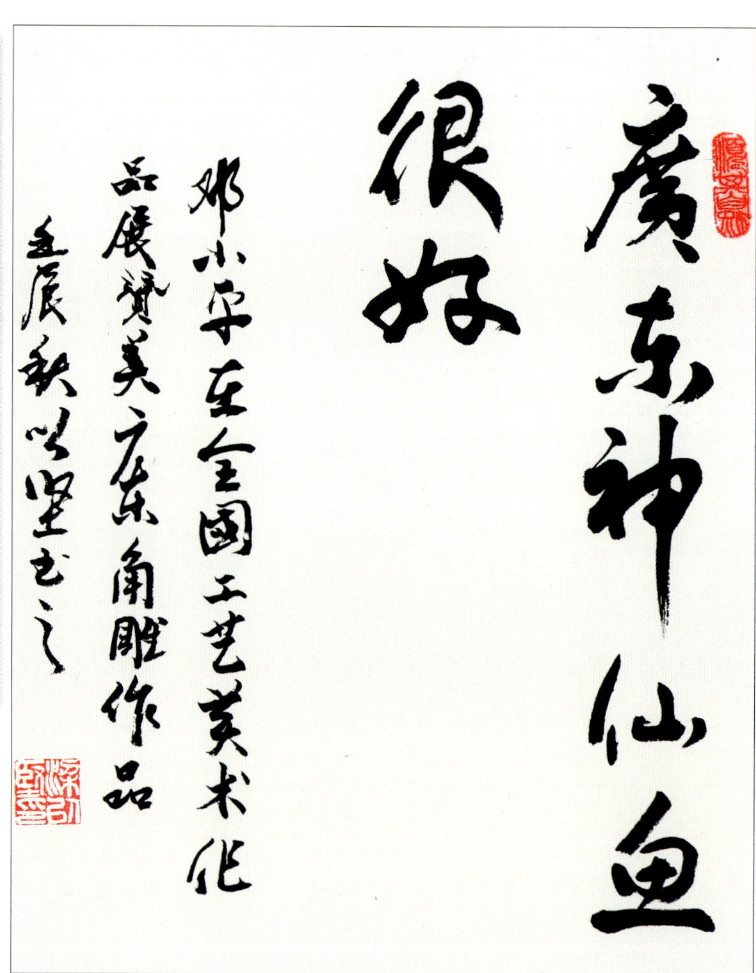

▲书法名称

内容：“广东神仙鱼很好！”

——邓小平在全国工艺美术作品展上赞美广东高州角雕作品的讲话。

作者：梁以坚

▲角雕作品《虾趣》(1980年国礼)

▲角雕作品《草虾》

文化·文明

文化是民族的血脉，是人民的精神家园。实现中华民族伟大复兴，离不开中华文化繁荣兴盛。文化传承文明，高州的文化建设正迈向民族复兴的新征程。目前，高州市各类文艺协会有：书法家协会、摄影家协会、美术家协会、作家协会、民间文艺家协会、音乐家协会、舞蹈家协会、戏剧家协会、曲艺家协会、楹联协会、诗词协会。

● 书法家协会

主席：程华德

常务副主席兼秘书长：梁立兵

副主席：赖梓文　陈慧勇　何明霖

高州市书法家协会成立于1984年，协会现有会员126人，其中：国家级会员16人，省级会员28人，茂名市级会员35人。

▲《希望的田野》 刘增荣　摄（获香港国际大赛优秀奖、广东省月赛二等奖）

摄影家协会

主　席：刘增荣

副主席：卢联生　周泽明　张景明　陆雄　杨晓　李劲　陈刚　陈洪滨

秘书长：卢联生（兼）

高州市摄影家协会成立于20世纪70年代，最初成立时的名称是“高州县摄影学会”，1994年，高州县摄影学会正式更名为高州市摄影家协会，现有会员200多人，其中国家级会员4人：程华德、何志刚、梁华际、刘增荣；省级会员26人：陈东生、程华德、陈洪滨、车闻达、邓东强、黄崇林、黄寿佳、何燕娟、何志刚、柯杰俦、梁华际、李劲、刘劲、梁敏虎、卢联生、陆雄、刘增荣、魏荣新、魏力、许金福、许浩然、杨良宙、杨晓、张景明、周建英、周泽明。

美术家协会

主　　席：吴思志

副 主 席：何山　吴树龙　谭世雄　黎淦江　邓柱

秘 书 长：梁敏虎

副秘书长：柯兰艺

▲《热气腾腾》 魏荣新　摄（获第四届全国公安系统“卫士之光”书法美术摄影作品展三等奖）

高州市美术家协会正式成立于1950年，前身是高州县美术创作组，首批会员36人，黄河清任组长，陈奋腾、梁光鹏任副组长。历任主要负责人有：何山、邹文虎。中国美术家协会会员2人、广东省美术家协会会员6人，茂名市、高州市美术家协会会员共68人。

● 作家协会

主　　席：梁柏文

副 主 席：庄家银　袁海峰　黎丹

秘 书 长：赖松万

副秘书长：马亮　梁勇　甘锋

高州市作家协会成立于20世纪70年代，最初名字为“高州县文学会”，20世纪90年代更名为高州市作家协会。现有会员97人，其中，省级会员4人，茂名市级会员19人。会员在省级以上刊物发表文章达200多篇，其中，张绍的《直挂云帆济沧海》入选《共和国的骄傲》，谢志的《梦绕火星绿胶林》、黎裕权和杨生的散文《贡园荔枝红》、李桂梅的《二叔公的潮生活》均发表在《南方日报》，范国亮的《家乡木偶戏》发表在《南方农村报》，梁柏文的《人与狗》、《红眼病》、《借笔》均发表在《羊城晚报》，丁仁体的《岁寒三友》发表在《中华诗词》。还有吴庆坚的《山娃城男》、颜景友的《冼夫人传奇》、冯好华、彭胡波的《潘茂名》、袁海峰的《绿满高凉》、赖松万的《春暖花开》、《蓬勃的力量》、谢志的《如烟集》、钟日娟的《我在婚姻里等情人》等书籍出版发行。

● 民间文艺家协会

主　席：黎裕权

副主席：杨生　曹章玲

秘书长：黎扬广

高州市民间文艺家协会成立于1981年11月，最初名字为“高州市民间艺术家协会”，1988年改称民间文艺家协会。目前会员有29人，其中国家民协会员1人，省民协会员11人。发表在省内外报刊的理论文章：黎庆文《木偶艺术的价值与提高》、黎裕权《高州山歌琐谈》、冯国成和黎裕权《芳香四溢的高州民歌》、冯好华《高州地方风物研究》、周泽明《冼太庙铜鼓音乐研究》等，黎裕权《岁月涛声》由香港天马图书有限公司出版发行，朱福潮的长篇民间故事《马头岭的故事》在《广东民俗》杂志分多期连载。

后 记

高州历史悠久，山川钟灵毓秀，物华天宝，人杰地灵，历史人文遗产丰厚。我们以弘扬高凉清风为主题，用心去展现这座历史文化名城的道德镜像及文明成果，并结集成书，继前人之志，焕发时代精神，为建设廉洁、幸福高州提供助力，为实现中华民族伟大的全面复兴贡献力量。

在此书编写过程中，我们力求在弘扬清风正气的选材上有广度，在选取人物典故、古迹史实、作品资料的考究上有真实度，在围绕廉政文化建设，崇尚道德品格，展现高州文明成果的探索上有深度，在文字编写、图片处理、作品展现等创作风格上有所创新。此书的编写是一个艰苦的历练，我们对大量的人物典故、古迹史料及作品资料作了广泛的收集，并对其真实性作严谨的考证，通过对考证查实的史料作慎重的筛选，最终辑录入书。需要特别说明的是，高州历史上人才辈出、古迹名胜丰富、文明成果丰硕，我们辑录本书的人物典故、古迹名胜、作品资料都是在忠实于史料基础上，根据弘扬高凉清风这一主题进行筛选，由于篇幅所限，无法将所有高凉贤达、古迹名胜及文明成果全部辑录。我们谨寄望本书能起抛砖引玉之功，为后来者全面展现文明高州而献绵薄之力。为此，编写组成员本着实事求是的精神，在繁杂的资料中爬梳抉剔，严格筛选，反复补充，并多次实地考察，请教专家学者，力求作品经得起历史考验。但是，由于编写人员的水平所限，难免有错漏之处，敬请专家及广大读者批评指正。

本书的组稿、编写工作得到了各级领导的关心和众多单位及热心人士的鼎力支持，在此，对高州市教育局、高州市文化广电新闻出版局、高州市广播电视台、高州市旅游局、高州市文联、高州市图书馆、高州市作家协会、高州市民间文艺家协会、高州市文化馆等单位，特别是高州市党史地志办公室、广东石油化工学院高州师范学院、高州市书法家协会、高州市美术家协会、高州市摄影家协会等在本书编写过程中给予的大力支持表示感谢。同时，苏汉材、黎裕权、程华德、吴思志、陈德权、周泽明、张景明、赖梓文、刘增荣、许金福、潘金平、车闻达等同志为本书提供的支持，在此一并致谢！

编 者

2012年11月

参考文献

[1] 高州市地方志编纂委员会. 高州县志 [M]. 北京：中华书局，2006.

[2] 高州市党史地志办公室. 中国共产党高州地方史 [M]. 北京：中国戏剧出版社，2006.

[3] 高州市社会科学界联合会. 高州古今名人录 [M]. 北京：中国国际出版社，2008.

[4] 郑业崇主修，光绪重修. 茂名县志 [M]. 1888.

[5] 江茂森. 茂名县志稿 [M]. 1971.

[6] 高州县政协文史组. 高州文史 [M]. 1984，3.

[7] 苏汉材. 斜阳集 [M]. 香港：天马出版有限公司，2005.

[8] 苏汉材. 微霞集 [M]. 香港：天马出版有限公司，2007.

[9] 黎裕权. 岁月涛声 [M]. 香港：天马图书有限公司，2003.

[10] 钟平，黄燕茂. 冼夫人研究 [M]. 香港：天马出版有限公司，2011.

七律

清 廉

刘永芬　陈爱华

廉花结果香正浓，恰见南国谱清风。
遍阅史籍访循吏，尽得正气荡高城。
刚峰直松震硕鼠，碧池清流洗颓容。
更喜风雷驱贪雾，敢换新颜誓苍穹。

《渔歌唱晚》 苏亮珍　摄